Los dones
del Espíritu
en los
primeros
300 años

Dones carismáticos en la iglesia primitiva

RONALD A. N. KYDD

PATMOS

Dones carismáticos en la iglesia primitiva: los dones del Espíritu en los primeros 300 años

Publicado por Editorial Patmos,
Miramar, FL 33025

Publicado originalmente en inglés por InterVarsity Press, P.O. Box 1400, Downers Grove, IL 60515-1426, con el título *Charismatic Gifts in the Early Church: The Gifts of the Spirit in the First 300 Years*

Traducido por Belmonte Traductores
Diseño de portada e interior por Adrián Romano

ISBN: 978-1-64691-276-6

Categoría: Vida cristiana / Teología histórica

Impreso en Colombia | *Printed in Colombia*

A Roseanne

Contenido

Reconocimientos

Quisiera reconocer con gratitud el permiso otorgado para republicar un material que originalmente apareció en diferentes formas. Lo concedió la Scottish Academic Press Limited para la sección sobre Novatian que fue publicada como «Novatian's De Trinitate, 29: Evidence of the Charismatic?» en *The Scottish Journal of Theology* (1977), pp. 313-18 y por *Église et Théologie* para la sección sobre Origen que aparecía en ese periódico como «Origen and the Gifts of the Spirit» (Origen y dones del Espíritu), *Église et Théologie,* p. 13 (1982), 111-116.

Prefacio

La motivación inicial para realizar este estudio surgió de mi propia experiencia con el Espíritu Santo. Tras haber tenido curiosidad por aspectos más expresivos de la espiritualidad de las primeras comunidades cristianas, descubrí con rapidez que era un tema que no había atraído mucha atención de los historiadores. Eso fue a finales de la década de los sesenta, justo cuando estaba dando sus primeros pasos lo que llamamos el «avivamiento carismático». Me agradaba ser capaz de desarrollar el asunto en mi disertación doctoral en la universidad de St. Andrews (Escocia). El trabajo resultó ser novedoso, pero me beneficié de la supervisión de un excelente grupo de eruditos de esa generación. El profesor J. H. Baxter fue mi supervisor al principio, y después el profesor R. McL. Wilson le sucedió cuando se retiró. El profesor Matthew Black y el profesor Ernest Best también trabajaron en mi comité de doctorado. Estoy en deuda con todos ellos, pero especialmente con el profesor Wilson. Este libro es una nueva redacción y una condensación de las tesis que entregué en 1972.

Han aparecido gran cantidad de trabajos excelentes desde que terminé este estudio. La estimulación del avivamiento carismático y la aparición de un grupo creciente de eruditos estupendos dentro del pentecostalismo clásico tiene mucho que ver con ello. Nombres como James D. G. Dunn, Gordon Fee, Norbert Baumert, Kilian McDonnell, William Tabbernee, Andrew Daunton-Fear y Simon Chand destacan entre muchos otros como personas que han realizado una gran contribución a nuestro entendimiento de las dimensiones espirituales de las vidas de los primeros cristianos. Dada la naturaleza de este proyecto, no podré interactuar con ellos, pero sus obras deberían ser leídas.

Estoy agradecido de que Hendrickson propusiera una reimpresión del libro. Continuas demandas del mismo indican que este libro aún tiene un papel que desempeñar.

Originalmente dediqué el libro a Roseanne, mi esposa, quien después obtuvo una licenciatura propia. En medio de sus responsabilidades locales, regionales y nacionales, continúa consolándome e inspirándome y mostrando un gran interés en mi trabajo. Me siento enormemente bendecido.

Hefenfelth
Eastertide, 2014

Introducción

Los cristianos del primer siglo eran un grupo de personas dinámico. Estaban radicalmente entregados a Cristo, y predicaban las Buenas Nuevas de su vida, muerte y resurrección con un celo tremendo. Su vitalidad era destacable. Cuando leemos el Nuevo Testamento, vemos milagros, actos de pura valentía, y un evangelismo explosivo. ¿Cómo explicamos todo eso? ¿De dónde recibían su empuje y motivación? Una indagación más detallada nos da una gran parte de las respuestas a estas preguntas: eran personas del Espíritu. Indudablemente, estaban absortos con Cristo, pero también muy despiertos a la presencia del Espíritu Santo.

A menudo veían que esa Presencia se mostraba de formas drásticas e inusuales. Juan dice que fue llevado «en el Espíritu» (Apocalipsis 21:10). Pablo pronuncia juicio sobre un oponente del evangelio a través del Espíritu (Hechos 13:10 y 11), y los creyentes hablaron en lenguas al ser llenos del Espíritu (Hechos 2:4). El Espíritu Santo estaba entre ellos, guiándolos a hacer algunas cosas muy sorprendentes. También estaba activo calladamente y ayudando discretamente a los cristianos hacia la madurez espiritual,[1] pero se mostraba con actos poderosos una y otra vez. El cristianismo del Nuevo Testamento era carismático. Ocasiones en las que el Espíritu Santo irrumpía sobre ellos con gran fuerza era algo común para estos cristianos.

Hay muchas observaciones que apoyan esta idea. Para empezar, los registros muestran que los cristianos prácticamente en cada gran centro del Nuevo Testamento sabían algo sobre el poderoso mover del Espíritu. Esto incluye Jerusalén, Cesarea, probablemente Samaria, Antioquía, Éfeso, Colosas, Tesalónica, Corinto, Roma, y las comunidades a las que fue escrito el libro de Hebreos. Nosotros sabemos que en algunos de estos lugares la adoración estaba muy viva en el Espíritu, si 1 Corintios 14:26-33 y Colosenses 3:16 son algún indicador de lo que sucedía.

No tenemos tanta información como nos gustaría sobre ciudades como Atenas, Listra y Derbe, por elegir varias al azar, pero tal vez el tipo de personas que les llevaron el evangelio deberían decirnos algo. Pablo, Bernabé y Silas eran bien conocidos como profetas entre sus hermanos,[2] un nombre que sin duda obtuvieron hablando en obediencia al impulso del Espíritu. No es probable que este aspecto de sus ministerios cambiara de modo importante cuando llegaron al mundo griego. Intentaban llevar a estos nuevos conversos a la plenitud del cristianismo, y el Espíritu Santo era una parte muy importante de ello.

La pregunta que quiero plantear es la siguiente: ¿qué ocurrió después de este primer periodo de la vida de la iglesia? En particular, quiero centrarme en el intervalo entre finales del primer siglo y alrededor del año 320 d. C. Tracé la línea aquí porque el Concilio de Nicea se celebró en el año 325, y sirve como una especie de punto de inflexión en la historia de la Iglesia. Allí se dieron pasos a conciencia para fijar las cosas en la iglesia, en términos tanto doctrinales como prácticos. ¿Siguieron los cristianos palpitando con la vida del Espíritu durante este periodo?

Creo que la respuesta la podemos encontrar enfocándonos en los «dones del Espíritu», el *charismata*, como se dice en griego. Este fenómeno era reconocible entre los contemporáneos de Pedro y Pablo. Tal vez ellos estarán también en el periodo del tiempo posterior. Pero, en primer lugar, ¿qué es un «don espiritual»? Será mejor que sepamos lo que estamos buscando antes de intentar encontrarlo.

Para encontrar la definición buscada, hagamos una pausa en el pasaje del Nuevo Testamento más importante en relación con estos asuntos: 1 Corintios 12—14. Intentaremos desarrollar una definición en base a lo que se nos dice en ese pasaje y en otros lugares en las Escrituras.

Fundamental para poder entender lo que es un «don espiritual» es la idea de que es una habilidad que Dios le da a alguien. Él es la fuente y el origen. No está a disposición del hombre, sino más bien entra en juego cuando Dios lo decide.[3]

En segundo lugar, observamos que los dones espirituales parecen estar confeccionados para situaciones particulares. El principal hilo de la enseñanza de Pablo sobre este punto es su insistencia en que los dones son para edificar a los cristianos entre los que aparecen. Realmente solo encuentran su sentido cuando llevan a cabo esta función dentro de la iglesia. Primeramente, tienen que ver con situaciones existentes en el momento en que aparecen, expresando la voluntad de Dios o mostrando su poder en esas situaciones. Tal vez sería útil una ilustración. Veamos el don de profecía.

Cuando consideramos lo que se dice sobre este don en 1 Corintios 12—14, podemos hacer algunas observaciones específicas. Primero, es un discurso en la lengua vernácula. Se puede entender de manera local sin traducción o interpretación. Esto mismo ocurre con otro don: la interpretación de lenguas. Segundo, obtiene su inspiración de Dios. Tercero, se dirige a personas que están presentes, siendo relevante para lo que están experimentando. Estas dos últimas características de la profecía parecen ser la norma para cualquier don espiritual, como la palabra de conocimiento, dar donativos, sanidad, o cualquier otro. Todos vienen de Dios, y se relacionan con la situación existente en cada momento.

Sin embargo, no debemos ser aquí demasiado rígidos. Cuando leemos el libro de los Hechos de los Apóstoles, vemos algunas cosas que se alejan un tanto de lo que he sugerido como la norma.

Por ejemplo, la profecía como se menciona en 1 Corintios 12—14 no parece ser predictiva, y sin embargo, en Hechos 11:28 el profeta Agabo hizo comentarios acerca del futuro, lo cual aparentemente se cumplió. Además, la información que uno recibe mediante los dones de palabra de sabiduría y palabra de conocimiento mencionados en 1 Corintios parece estar implantada en la mente de alguien directamente mediante el Espíritu, pero en Hechos 10:9-29 vemos a Pedro aprendiendo algo mediante una visión. Creo que lo que he sugerido como norma sigue siendo válido, pero es obvio que debemos mantenernos flexibles en estas cosas.

Por lo tanto, ¿qué estamos buscando cuando estudiamos los dones espirituales? Buscamos las cosas que vemos hacer al Espíritu en el Nuevo Testamento. Deberíamos notar de paso que las listas de los dones espirituales que se nos dan en 1 Corintios 12:8-10 y Romanos 12:6-8 probablemente no deberían considerarse como definitivas. Cuando las comparamos entre sí y con el material que hallamos en Hechos y en Hebreos, descubrimos demasiada imprecisión y fluidez de pensamiento que permite eso. Incluso si fueran exhaustivas, tendríamos que reconocer que algunos de los dones destacarán de modo más claro que otros; las lenguas, por ejemplo, más claramente que ayudar. Intentaremos verlos todos, pero es probable que encontremos los espectaculares más frecuentemente que los menos espectaculares.

En este estudio nos dirigiremos a todo el cuerpo de literatura cristiana producido entre los años 90 y 320 d. C. Por un lado, veremos reportes de la presencia de dones espirituales. En estas ocasiones tendremos que sopesar el valor histórico de lo que se dice antes de poder admitirlos como evidencia. Por otro lado, encontraremos personas hablando sobre sus experiencias espirituales en términos que nos recordarán los dones del Espíritu, aunque ese fenómeno no se mencione de manera explícita. Estos pasajes tendremos que interpretarlos con cuidado para determinar cuán cerca está lo que se dice del cuadro que nos da el Nuevo Testamento de los dones espirituales. Cuanto más cercana sea la similitud, mejor podremos asumir la presencia de dones espirituales. Esto ilustra nuestro interés fundamental, que es descubrir cómo experiencias particulares del Nuevo Testamento continuaron en el siguiente periodo.

También deberíamos mencionar que tendremos que tener cuidado al manejar lo que parece ser evidencia de la presencia de dones espirituales. La calidad de este material es muy desigual. Algunas partes son muy buenas, pero por otro lado, algunas son bastante débiles. Tendremos esto en mente según avancemos.

Sugiero que lo que emerge de un estudio de las fuentes es el cuadro de una iglesia que es fuertemente carismática hasta el año 200 d. C. A mitad del siglo siguiente a esta fecha, la importancia de los dones espirituales en la vida de las comunidades cristianas parece ir en declive de modo importante, y las actitudes con respecto a ellos cambian. A partir del año 260 d. C. no hay más evidencia de la experiencia carismática, al menos hasta el 320 d. C., que el punto final de este estudio.[4] Repasaremos la evidencia cronológicamente, para mantener con ello el argumento básico del estudio.

CAPÍTULO 1

De la iglesia emergente

¿Alguna vez ha plantado usted hierba o algún arbusto? Yo tuve mi primera experiencia con la «agricultura» después de mudarnos a una casa nueva hace algunos años atrás. Nuestro jardín era como el de todas las demás casas: un barrizal, y necesitaba césped. Decidí arreglar la situación sembrando yo mismo semillas de césped, mientras que algunos de nuestros vecinos optaron por una solución más rápida: trasplantar el césped ya crecido. Sembrar las semillas fue el comienzo de unos cuantos días de ansiedad para mí. El césped recién puesto en los terrenos de las casas de enfrente enseguida se puso verde y frondoso. El nuestro seguía de color marrón oscuro. Mi mente empezó a llenarse de preguntas: «¿Estará demasiado mojado? ¿Estará demasiado seco? ¿Germinará alguna vez?» La preocupación, la ansiedad y el suspense aumentaron hasta que finalmente empezó a aparecer el pasto.

Tuve básicamente los mismos sentimientos cuando meditaba en las fuentes de la historia de la Iglesia en el periodo previo al año 150 d. C.

En la actualidad, la Iglesia se parece a un poderoso coloso en la sociedad occidental. Manifiesta su presencia mediante sus catedrales y capillas, sus editoriales, sus seminarios teológicos e institutos bíblicos, sus esfuerzos misioneros por todo el planeta, y sus grandes espectáculos televisivos. Tal vez, una gran parte de la sociedad puede que rechace el mensaje y los principios del cristianismo, pero no puede rechazar «la Presencia». Sencillamente está *ahí*. Sin embargo, las cosas no siempre fueron así.

Desde donde vemos la historia, sabemos que el cristianismo «arraigó», y desde la perspectiva de Dios, que siempre fue algo seguro; pero, en el primer siglo, ese resultado no era de ningún modo obvio o cierto para el observador informal promedio. Intentemos mirar la historia del primer siglo de la vida de la iglesia con el mismo encuadre mental que utilizamos al leer una novela de misterio *después* de habernos saltado hasta el último capítulo y descubrir «quién lo hizo».

Con lo que parece una lentitud agónica, la iglesia se esforzó por alcanzar estabilidad y permanencia, aunque las personas que estaban ocupando los roles no se dieron cuenta de que eso era lo que estaban haciendo. Sus mañanas eran tan inciertos y confusos como los nuestros. Con el paso de las décadas, el Nuevo Testamento fue reconocido por lo que era. Las Escrituras y la organización evolucionaron; los cristianos comenzaron a pensar con diligencia acerca de lo que creían; y, mientras tanto, el evangelismo seguía añadiendo personas a la iglesia. Las comunidades cristianas debieron haber vivido en una especie de tensión continua al enfrentar cada día la necesidad de reaccionar y después integrar a un flujo constante de nuevas personas, nuevas ideas, nuevos libros sagrados, y nuevas formas de adoración. El suspense me atrapa cuando esbozo lo que sé que ocurrió y veo el desarrollo de la iglesia. Este suspense se resalta por la escasez de información que tenemos sobre este periodo. A menudo solo podemos andar a tientas en la oscuridad con la esperanza de tocar algo sólido.

Nos dirigimos así a la primera parte de este periodo dramático en busca de luz con respecto a los dones espirituales, y lo vemos brillar desde un documento y un hombre.

La *Didajé*

En 1873 la biblioteca del monasterio de Jerusalén en Constantinopla cedió un tesoro que nadie sabía que contenía: *las enseñanzas de los doce apóstoles,* o la *Didajé*. Desde su publicación diez años después a mano de Philotheus Bryennius, su descubridor, ha sido objeto de incontables investigaciones de intelectuales. Las personas se han enfocado en preguntas como el estrato del material que contiene y las revisiones que ha sufrido, el lugar donde se escribió y la fecha en la que apareció. Aunque ha habido poca unidad de ideas entre los eruditos, creo que se han alcanzado algunas conclusiones bastante concretas. Probablemente, deberíamos asumir que la *Didajé* se escribió en Siria, lo cual nos lleva al calor y el polvo del Medio Oriente.[1] En términos de datación, probablemente no nos desviaremos mucho si lo situamos en la segunda mitad del primer siglo.[2] Por supuesto, esto hace que sea un documento bastante significativo, porque asume así el estatus de un testigo independiente de lo que era la iglesia, al menos en algunos lugares, durante el tiempo en el que aún se estaba escribiendo el Nuevo Testamento.

Es interesante especular sobre cuánto se extendieron las condiciones que refleja la *Didajé*. ¿Quién recibió el consejo que da? ¿Hasta dónde llegó su influencia? Sabemos que era importante en el Oriente Próximo, especialmente en Egipto en el siglo IV, pero ¿podemos suponer que las circunstancias que trata existían en aquel lugar lejano cuando apareció por primera vez? Probablemente no haya modo de poder responder a esta pregunta, pero hay un indicio que podría sugerir que era relevante para un segmento más o menos grande de la iglesia palestina.

En gran medida, la *Didajé* se enfoca en asuntos relacionados con una clase de ministros itinerantes. En el transcurso de la discusión, aprendemos que se esperaba que esas personas siguieran moviéndose. Si estaba ocurriendo todo esto en un área relativamente pequeña, las personas que viajaban de un lugar a otro habrían sido bastante conocidas enseguida, y las sugerencias que ofrece la *Didajé* para gobernarlos y probarlos habrían sido superfluas. Por lo tanto, probablemente deberíamos llegar a la conclusión de que la *Didajé* hablaba a personas en un área geográfica bastante grande.

La importancia que tiene la *Didajé* para este estudio reside en lo que tiene que decir con respecto a las personas que ministraban a las comunidades a las que se escribió. La iglesia del Nuevo Testamento en Antioquía estaba marcada por los dones del Espíritu. Tanto en Hechos 13:1-2 como en Hechos 15:32 descubrimos que los profetas estaban activos en la capital de Siria, y la impresión que obtenemos de la *Didajé* sugiere que las cosas no habían cambiado mucho con respecto a eso. Hay dos rasgos de las comunidades cristianas de las que surgió la *Didajé* que son especialmente interesantes para nosotros.

En primer lugar, nos enfocamos en la actitud que muestra la *Didajé* hacia el profeta, y notamos que hay un tipo implícito de ambivalencia: le gusta y no le gusta. Encontramos una visión positiva de la profecía en instrucciones que siguen a las oraciones que se indican para el uso durante la celebración de la Cena del Señor. *Didajé* 10:7 dice: «A los profetas, dejadlos dar gracias cuanto quieran».[3] El autor, obviamente, pensaba que cualquier mensaje profético que se diera sería beneficioso para los cristianos que lo oyeran. En base a esto, los profetas no tenían que tener restricciones en el momento en que daban gracias.

Esta actitud se revela de nuevo un poco más adelante en la *Didajé*. Leemos: «Ni tampoco probéis ni juzguéis a ningún profeta que esté hablando en el Espíritu. Porque cualquier pecado será perdonado, pero este no».[4] Cuando un profeta hablaba como profeta, no se podía criticar su mensaje. Esta exhortación refleja la estima en la que se tenía el mensaje profético.

Al mismo tiempo, el autor de la *Didajé* y las comunidades a las que escribió no eran ingenuos. Habían aprendido que no todo el que decía que era profeta realmente lo era; y parece que, cuando se escribió la

Didajé, había un gran número de hombres, tanto dentro como fuera de la iglesia, que afirmaban tener este estatus.[5] Apareció la sospecha de los profetas (y de ministros itinerantes en general), y sale a la superficie en *Didajé* 11:8: «No todo el que habla en espíritu es profeta».[6] Esta preocupación llevó a quien escribió la *Didajé* a establecer pruebas mediante las cuales poder separar a los falsos profetas de los verdaderos.

La primera prueba mencionada tiene que ver con lo que enseña el profeta. *Didajé* 11:1 y 2 dice que el contenido del mensaje de un hombre debe ajustarse a la instrucción dada en la parte previa de la *Didajé*. Si lo hacía, la comunidad podía darle la bienvenida. Esta prueba parece aplicarse tanto a los profetas como a otros ministros itinerantes.

La segunda prueba está dirigida específicamente a los profetas, y su naturaleza es moral. En *Didajé* 11:8-12[7] el autor dice que al verdadero profeta se le puede distinguir del falso observando el estilo de vida del hombre. Si muestra «el modo de vida del Señor», se le puede recibir como un verdadero profeta. Desarrollando el tema dice que, al hablar en el Espíritu, un profeta no debe pedir que le preparen una comida y después comérsela. Debe hacer lo que enseña, y no debe pedir dinero o cosas similares a menos que sea para otra persona. Una vez que el profeta haya pasado estas pruebas y sea aprobado, no se debe juzgar su ministerio.

También hay regulaciones que dictan la longitud de la estadía de los ministros itinerantes que llegaban para visitar las comunidades. *Didajé* 11:4 y 5 dice que, como máximo, debe quedarse dos días. Esto parece estar dirigido específicamente a los «apóstoles», es decir, ministros itinerantes, porque *Didajé* 13:1 dice que, si un profeta desea asentarse en una comunidad, es digno de su sustento.

De todo esto, es obvio que la iglesia siria estaba desarrollando maneras de protegerse de los falsos profetas.

Los pasajes que hemos visto de la *Didajé* ilustran el dilema que tenían el autor y sus contemporáneos. Querían mensajes proféticos en sus iglesias, porque pensaban que eran beneficiosos para ellos; sin embargo, también eran conscientes del peligro de que se infiltraran falsos profetas.

El segundo elemento de la *Didajé* que nos interesa aquí tiene que ver con la relación entre los ministros itinerantes y los locales. Al hablar de la cuestión de los que tenían el oficio y «los antiguos hombres libres del Espíritu» en la iglesia del segundo siglo en general, Hans von Campenhausen dice que allí había ambos, y después sigue diciendo:

> La coexistencia de estos distintos tipos de autoridad no se percibía como un problema. Empezar en cada caso desde una supuesta oposición entre dos grupos separados, el oficial y el carismático, es un malentendido moderno muy típico. No solo los oficiales tienen el Espíritu, sino que los espirituales, por su parte, hasta el punto en que pertenecen legítimamente a la iglesia, derivan el poder de su enseñanza de la verdad apostólica tradicional.[8]

Von Campenhausen hace hincapié en que los carismáticos y los oficiales podían y debían trabajar codo con codo y, de hecho así lo hacían.[9] La *Didajé*, aunque viene de un periodo anterior, ilustra precisamente el punto que está exponiendo von Campenhausen.

> Elegíos obispos y diáconos dignos del Señor, hombres mansos, no amantes del dinero, sinceros y probados; porque también ellos os sirven a vosotros en el ministerio de los profetas y maestros. No los despreciéis, ya que tienen entre vosotros el mismo honor que los profetas y maestros.[10]

Lo primero que capta nuestra atención en este pasaje de la *Didajé* es el hecho de que obispos y diáconos, los oficiales elegidos, aparentemente hacían las mismas cosas que los carismáticos itinerantes.

Estaban «realizando el servicio de profetas y maestros». Es un poco difícil decidir exactamente en qué consistía ese servicio.

Al principio parece que *Didajé* 10:7 podría aportarnos una pista, porque parece asociar a los profetas con la Cena del Señor. Quizá dirigían esta ceremonia. Sin embargo, realmente no podemos afirmarlo, porque la *Didajé* no muestra explícitamente que la iglesia de ese tiempo y lugar hubiera asignado esa responsabilidad y privilegio a ningún grupo en particular. Si no podemos tener certeza de esta idea, la única actividad que podemos estar seguros que realizaban los profetas era dar mensajes inspirados e instrucción doctrinal. Dado todo lo anterior, solo nos queda la conclusión de que, además de cualquier responsabilidad administrativa que pudieran tener, obispos y diáconos también enseñaban y daban mensajes proféticos. Esto destaca una tendencia que consiguió impulso a medida que se desarrollaba la iglesia.

Por lo que podemos saber, en la mayoría de las iglesias del Nuevo Testamento había mucha apertura al hecho de ministrar «en el Espíritu». Colosenses 3:16 es instructivo:

> La palabra de Cristo more en abundancia en vosotros, enseñándoos y exhortándoos unos a otros en toda sabiduría, cantando con gracia en vuestros corazones al Señor con salmos e himnos y cánticos espirituales.

El versículo de 1 Corintios 14:26 añade: «¿Qué hay, pues, hermanos? Cuando os reunís, cada uno de vosotros tiene salmo, tiene doctrina, tiene lengua, tiene revelación, tiene interpretación». Cuando se reunían, todos los creyentes eran ministros en potencia.

Sin embargo, aunque se daban estas condiciones, estaba emergiendo un modelo distinto: algunos de los dones espirituales se asociaban a individuos concretos. Como mencioné antes,[11] Pablo, Bernabé y Silas eran muy conocidos como «profetas», y lo mismo podríamos decir de Agabo (Hechos 21:10). Además de esto, quizá la impresión que deberíamos tener de 1 Corintios 14:28 es que había personas concretas reconocidas como «intérpretes» que se encargaban de los mensajes en lenguas. Por lo tanto, en medio de un entorno en el que se fomentaba la libre participación congregacional en la adoración, había también ciertas personas que destacaban como aquellos de los que podía esperarse el ministerio carismático. Ciertamente algunas de estas personas, como Pablo, Bernabé y Silas, tenían posiciones de liderazgo especiales dentro de la iglesia, pero no hay un indicador claro de que Agabo la tuviera, y al «intérprete» ni siquiera se le nombra. Esto sugiere que estar en una posición de liderazgo no era un requisito previo para disfrutar de un ministerio avanzado mediante los dones del Espíritu.

Didajé 15:1 y 2 lleva toda esta discusión un paso más adelante. Como vimos antes, también se esperaba que los oficiales electos ministraran de modo carismático. Parece haber aquí un movimiento hacia situar la responsabilidad de todo tipo de ministerio (administrativo y carismático) en manos de hombres conocidos y aprobados, que habían sido elegidos para el liderazgo en las iglesias.

Deberíamos hacer una pausa en otra observación derivada de este pasaje de la *Didajé*. Vale la pena subrayar que ambos tipos de liderazgo, el carismático y el elegido, existían en estas comunidades. Es cierto que el tono del pasaje indica que los ministros itinerantes aún tenían precedencia en la opinión popular. El autor siente que tiene que elevar a los obispos y diáconos al decir: «No los despreciéis, ya que tienen entre vosotros el mismo honor que los profetas y maestros». Sin embargo, los «hombres de organización» parecen estar llegando; pero el autor enfatiza que se les debe honrar no más que a los profetas y maestros, sino igual. Está animando a que exista un balance entre los dos estilos de liderazgo, y lo hace bastante bien.

La *Didajé* tiene mucho que decir sobre los dones del Espíritu. Aunque se debe destacar la actitud precavida y se debe notar el auge de los oficiales electos, la profecía se sigue valorando mucho, y los carismáticos están activos. Las comunidades sirias a las que se escribió la *Didajé*, en algún momento entre los años 50 y 100 d. C., eran muy conscientes del ministerio de los dones espirituales, y no estaban solos.

Clemente de Roma

Desde una provincia oriental algo distante, nuestro enfoque cambia ahora al corazón del Imperio romano mismo: la «Ciudad Eterna». Nuestra atención la capta Clemente de Roma, a quien se considera tradicionalmente el tercer obispo de Roma. A finales del primer siglo de nuestra era[12] y en nombre de la iglesia romana, envió una carta a la comunidad cristiana en Corinto. Habían surgido dificultades allí, y él intentaba restablecer el orden.

Insertado en esta súplica apasionada para conseguir entendimiento y cooperación se encuentra un pasaje que hace que Clemente sea importante para este estudio: «Así pues, que todo nuestro cuerpo sea preservado en Cristo Jesús… y que cada uno se ponga al servicio de su prójimo según dicte su don espiritual concreto».[13]

Nuestra discusión girará en torno a la expresión «don espiritual». (Una forma de *charisma* se usa en el original). La pregunta básica está relacionada con la interpretación de esta expresión aquí, teniendo en mente el significado que tiene en Romanos 12:6 y 1 Corintios 12:4. En estos pasajes se refiere a habilidades inusuales que Dios da a las personas para ayudarles a ministrar a otros. ¿Es eso lo que significa aquí? De ser así, este pasaje nos da una evidencia de que los dones espirituales estaban operando entre los cristianos romanos a finales del primer siglo. Creo que hay un par de consideraciones que sugieren que eso es lo que tenemos delante.

En primer lugar, notamos el contexto dentro del que aparece la expresión. Clemente está hablando de cómo deberían comportarse los cristianos en la iglesia. En 1 Clemente 37:5-38:1a ilustra su punto haciendo una comparación entre la iglesia y el cuerpo humano. «La cabeza», dice él, «no es nada sin los pies, así como los pies no son nada sin la cabeza». Igual que las partes del cuerpo no pueden funcionar aisladas las unas de las otras, la eficacia de una iglesia queda hecha añicos cuando sus miembros no avanzan juntos. Clemente está construyendo una defensa de la unidad y el interés mutuo, y sitúa los dones espirituales justo en medio de la misma. Él piensa que son importantes para ayudar a los cristianos a actuar como un cuerpo.

Este es exactamente el mismo trasfondo en el que Pablo enmarca sus discusiones sobre los dones del Espíritu. Los pasajes clave del trato que Pablo hace de los dones se encuentran en Romanos 12 y 1 Corintios 12. En Romanos, la comparación de la iglesia con un cuerpo precede inmediatamente a lo que Pablo dice sobre los dones espirituales (Romanos 12:4 y 5). Se dedica un pasaje bastante largo (1 Corintios 12:12-26) a la comparación en 1 Corintios, y aparece justo en medio del trato extendido que se les da a los dones del Espíritu.

En segundo lugar, dirigimos nuestra atención a la función de los dones espirituales. El pasaje de la obra de Clemente que estamos considerando revela su pensamiento de modo bastante claro. Los dones muestran a cada cristiano lo que debería hacer para ponerse a disposición de otros. Los dones encuentran su sentido y su significado en el ministerio. Se dan como un medio para bendecir a otros.

Pablo tiene precisamente el mismo enfoque. El hecho de que el propósito de los dones se cumpla solamente sirviendo a otros está implícito en Romanos 12:6-8, y se declara explícitamente en la correspondencia corintia. En 1 Corintios 12:7 leemos que se dan «para provecho», mientras que 14:4-5 y 26 enfatizan la «edificación» del grupo en el que se manifiestan los dones. Pablo no tiene duda alguna en su mente de que el tema del ministerio espiritual es externo hacia otros.

Estas similitudes entre el pensamiento de Pablo y de Clemente acerca de los dones espirituales son importantes. El hecho de que compartan un entendimiento común sobre la función de los dones, y que lo que dicen de ellos aparezca en contextos literarios muy similares, sugiere que están hablando de lo mismo. «Los dones espirituales» para Clemente probablemente significan lo mismo que para Pablo, y Clemente dice que deben tener un papel importante en la ayuda que los cristianos brindan a otros. Esto parece una evidencia de que los dones del Espíritu se encontraban entre los cristianos en Roma hacia finales del primer siglo.

El primer siglo fue un periodo excepcionalmente dramático en la vida de la iglesia. Los cristianos fueron obligados a lidiar con la afluencia de nuevas personas, con la necesidad de organizarse, con la evaluación de libros que afirmaban ser Palabra de Dios, y con malentendidos en la sociedad que les rodeaba. No manejaron esta situación sin preocupación, pero sí la manejaron.

Podemos sacar conclusiones sobre su modo de pensar y sus experiencias de la fe cristiana no solo a través de los libros del Nuevo Testamento sino también de una lectura de la *Didajé* y de la carta de Clemente a los corintios. Los primeros cristianos, como vemos en el Nuevo Testamento, estaban muy abiertos al ministerio del Espíritu. Muchos, muchos de ellos deben haber sido carismáticos en el sentido más completo de la palabra. Los cristianos que vemos en los otros dos documentos difieren muy poco en este sentido. Estas fuentes añaden su información a lo que podemos extraer del Nuevo Testamento, lo cual nos lleva a la conclusión de que los dones espirituales eran elementos importantes de la experiencia cristiana a lo largo del primer siglo. ¿Cómo continúa esto en el siguiente siglo?

CAPÍTULO 2

De las sombras

Cuando entramos en la primera mitad del segundo siglo d. C., la oscuridad que se cierne sobre la historia de la iglesia cristiana se agudiza. Al intentar penetrar en el cristianismo del primer siglo, podemos recurrir a los veintisiete libros del Nuevo Testamento, la *Didajé*, la carta de Clemente, y después a otros depósitos de información, como la arqueología y el estudio de inscripciones. Las inscripciones y la arqueología siguen a nuestra disposición al pasar la marca del siglo, pero el número de fuentes escritas a las que podemos hacer referencia cae drásticamente.

Y, sin embargo, sabemos que debió haber mucha actividad entre los cristianos durante este periodo. No cabe duda de que la iglesia continuó creciendo radicalmente, y los cristianos siguieron siendo evangelistas. Sin embargo, en su mayor parte sencillamente nos quedamos intentando averiguar qué ocurrió en realidad. Lo que significa esto, claro está, es que el material escrito que ha sobrevivido de este periodo tiene un valor inmenso.

Al enfocarnos en la experiencia religiosa de los cristianos a principios del segundo siglo, y en particular en los dones del Espíritu, descubrimos que persistía un cálido sentimiento de la presencia de Dios y que los dones todavía estaban presentes. Podemos extraer esta evidencia de dos fuentes.

Ignacio de Antioquía

Analizamos en primer lugar el material procedente de Ignacio de Antioquía. Este hombre destaca por ser uno de los primeros obispos de la historia de la Iglesia, y vive mediante siete cartas que escribió en algún momento entre los años 89 y el 117 d. C., hasta su martirio en Roma.[1]

Estos documentos han recibido mucha atención por parte de los eruditos. Han sido sometidos a un minucioso examen desde un asombroso abanico de ángulos para exprimir cada fragmento de información sobre la iglesia primitiva que contienen. Me hace detenerme y preguntarme cómo habría reaccionado este hombre condenado y atormentado si hubiera sabido la intensidad de la curiosidad con la que sus apresuradas anotaciones un día serían examinadas. Por supuesto que no lo sabía, y pudo escribir con una libertad y una franqueza que revelan mucho sobre sí mismo y también sobre la situación que estaba viviendo. El lugar de importancia que se ha concedido a las cartas de Ignacio no es en modo alguno inapropiado.

Los estudios de Ignacio han examinado muchas preguntas distintas: ¿qué pensaba él sobre la iglesia? ¿Qué tipo de entorno ministerial promovió? ¿Con qué herejías lidió? y más. Sin embargo, hay una faceta del hombre que frecuentemente se escapa de sufrir un trato serio en estos estudios. Ignacio era un profeta cristiano con un gran respeto por los dones del Espíritu. Primero veremos los pasajes de sus cartas que demuestran eso, y después pensaremos en las implicaciones.

El primer pasaje que consideraremos está extraído de una carta que escribió Ignacio a otro obispo, Policarpo de Esmirna, famoso por derecho propio como mártir cristiano. Vemos a Ignacio animando a Policarpo a «pedir cosas invisibles para que te sean manifiestas a fin de que no te falte nada y abundes en todos los dones espirituales».[2]

Hay un par de cosas que deberíamos notar acerca de este consejo. En primer lugar, se anima a Policarpo a pedir (principalmente a Dios) el privilegio de ver cosas invisibles. Puede parecer extraño a nuestros oídos escuchar a un obispo animar a otro a orar por revelaciones, pero eso parece ser lo que está ocurriendo.

En segundo lugar, Ignacio ofrece este consejo por una razón interesante. No quiere que Policarpo tenga carencia alguna, sino todo lo contrario, quiere que tenga todo tipo de dones espirituales. La palabra usada es de nuevo una forma de *charisma*, y parece que la usa en el mismo sentido que le da Pablo en Romanos 12:6 y 1 Corintios 12:4. De hecho, Ignacio suena muy parecido al apóstol, a quien oímos exhortando a los corintios: «Seguid el amor; y procurad los dones espirituales, pero sobre todo que profeticéis» (1 Corintios 14:1). No le dice a Policarpo que busque un don concreto, sino más bien lo insta a vivir una vida llena de dones en general. Parece querer que su amigo esté preparado para hacer uso de cualquier don que Dios quisiera utilizar en una situación concreta. Ignacio se muestra en este pasaje como un hombre con mucho respeto por los dones del Espíritu.

El segundo pasaje al que prestaremos atención va un poco más adelante al establecer la posición de Ignacio como profeta. Dice:

> Porque, cuando estuve entre vosotros, clamé, hablé en voz alta, con la voz propia de Dios: «Prestad atención al obispo, al presbiterio y a los diáconos». Pese a ello, había algunos que sospechaban que yo decía esto porque conocía de antemano la división que habían causado algunas personas. Pero Aquel por quien estoy atado me es testigo de que no lo supe por medio de carne de hombre; fue la predicación del Espíritu que hablaba de esta forma: «No hagáis nada sin el obispo; mantened vuestra carne como un templo de Dios; amad la unión; evitad las divisiones; sed imitadores de Jesucristo como Él mismo lo es de su Padre».[3]

Hay dos elementos de esta cita que indican que Ignacio pensaba que estaba hablando proféticamente en esta ocasión. En primer lugar, notemos lo que dice antes de dar un breve resumen de su mensaje:

«hablé en voz alta, con la voz propia de Dios». Durante el tiempo en que vivió Ignacio, hablar en voz alta cuando se hablaba en un contexto religioso era considerado, tanto por cristianos como por no cristianos, la marca de un profeta. Cuando se hablaba bajo el control de uno u otro dios, ¡se hacía a pleno pulmón! Por lo tanto, cuando Ignacio destaca que hablaba en voz alta no estaba añadiendo un detalle trivial, sino que realmente afirma haber estado bajo el control de Dios.

En segundo lugar, ¿cómo respondió cuando su mensaje fue desafiado? Lo que dijo fue tan preciso que se levantaron sospechas acerca de su origen: algunos pensaron que el obispo que estaba de visita habría sido informado de la situación. Él lo negó rotundamente, insistiendo en que no había sido él quien había hablado, sino el Espíritu. En cuanto a lo que él pensaba, era un profeta.

F. A. Schilling vio este aspecto de Ignacio muy claramente y puso un gran énfasis en ello. Citó varios pasajes en los que Ignacio habla de revelaciones que había recibido (*Roma 7:2; Éfeso 20:2; Trales 5* y este del que hemos estado hablando, *Filadelfia 7*), y después dijo: «De estas autorrevelaciones sabemos que Ignacio se consideraba firmemente un profeta, aunque no se denominaba a sí mismo como tal».[4]

Asumiendo entonces que Ignacio ministró como un profeta y creía mucho en los dones espirituales, ¿qué importancia tiene esto para la historia de la iglesia primitiva en general, y para nuestro estudio de los dones del Espíritu en particular?

Al responder a esta pregunta, es importante recordar que las cartas de Ignacio proporcionan material que es relevante para un área geográfica bastante grande. Primero y por encima de todo, por supuesto, es un testigo en Siria, y más específicamente en el cristianismo de Antioquía. Las circunstancias en las que escribió habrían hecho extremadamente difícil que adoptara distintas ideas sobre cómo deberían hacer las cosas los cristianos o desarrollar un nuevo sistema teológico. Probablemente se cruzó con algunas ideas nuevas mientras viajaba por Asia Menor, pero es muy improbable que su propio pensamiento sufriera algún cambio importante. No era un erudito de visita en una gira lectiva. La paz con la que podía pensar y escribir descansaba sobre el antojo de los crueles soldados que lo escoltaban hacia su muerte y sobre las necesidades de los hermanos que lo buscaban. Debió haber tenido muy poco tiempo para sí mismo. Las ideas que vemos que expresa en sus cartas serían las que había repetido hasta la saciedad durante su vida activa en Antioquía antes de su arresto.

Sin embargo, Ignacio también arroja mucha luz sobre cómo era el cristianismo en Asia Menor a principios del segundo siglo. Los únicos escritos suyos existentes, que bien pueden ser la suma total de su producción, son siete cartas que escribió a iglesias y personas en Asia Menor de dos ciudades de Asia Menor: Esmirna y Troas. Estas cartas tratan situaciones existentes entre los cristianos en estas ciudades y son, por lo tanto, fuentes muy valiosas de información sobre el cristianismo de ese tiempo en aquella región.

Con eso como trasfondo, me gustaría sugerir que el hecho de que Ignacio fuera un profeta-obispo es históricamente importante al menos en dos aspectos. Primero, apunta hacia la conclusión de que los cristianos tanto en Siria como en Asia Menor en los tiempos de Ignacio estaban familiarizados con los dones del Espíritu. Si Ignacio pudo hablar como profeta en Filadelfia, probablemente ministró así de vez en cuando en su iglesia natal en Antioquía también. No parece haber considerado su discurso profético en Filadelfia como algo inusual, así que quizá podamos suponer que este tipo de ministerio era más bien una rutina para él.

Además, pudo escribir a Policarpo, instándolo a hacer de los dones espirituales una parte de su ministerio, aparentemente sin tener miedo a que los de Esmirna pudieran ver a un obispo carismático como algo extraño o que pusiera en peligro la unidad de esa iglesia.

El incidente en Filadelfia cuando Ignacio habló como un profeta revela el gran respeto con el que Ignacio habló y con el que los de Filadelfia veían la profecía. Cuando la pertinencia del mensaje de

Ignacio levantó sospechas de que alguien le hubiera contado cuál era la situación local, él insistió, en defensa de su acción, en que el mensaje lo había dado el Espíritu Santo a través de él. Es como si esto hubiera tenido el efecto de sacar el mensaje de la esfera de la parcialidad humana y endosarle autoridad. El peldaño que falta en este argumento es la idea de que los de Filadelfia aceptaran una palabra declarada por el impulso del Espíritu antes de aceptar algo que algún hombre se hubiera inventado. Esta misma actitud se refleja en el ataque que algunos de los de Filadelfia parecían tener preparado para lanzar contra Ignacio. Si realmente había profetizado, ellos tendrían que escuchar, pero sospechaban que era una falsa profecía por razones que no eran espirituales.

La postura de Ignacio como profeta-obispo es también de suma importancia para el estudio del crecimiento del clero en la iglesia cristiana: en él, la autoridad del obispo y la pasión del profeta estaban unidas. Como hemos visto, *Didajé* 15:1 y 2 indica que los oficiales locales, obispos y diáconos, en las comunidades a las que fue escrita la *Didajé,* también desempeñaban las obligaciones de profetas y maestros. Ignacio sirve como un buen ejemplo de este matrimonio de servicio administrativo y carismático.

Ignacio, Obispo de Antioquía, destaca por sus cartas como un hombre que defendió plenamente el concepto de un clero bien organizado con obispos fuertes a la cabeza. Sin embargo, al mismo tiempo emerge como un profeta, capaz de hablar bajo la guía del Espíritu Santo. Este rol dual es importante en cuanto a que muestra que las comunidades cristianas en Siria y Asia Menor estaban, hasta cierto punto, familiarizadas con los dones del Espíritu. También revela una etapa en el desarrollo del clero en la que el mismo individuo era capaz de llevar a cabo tanto funciones administrativas como carismáticas. La información sobre el ministerio carismático aportada por nuestra fuente de principios del segundo siglo es muy importante. Ahora, vayamos a la segunda fuente.

El pastor de Hermas

Al avanzar hacia la siguiente porción de material relevante, de nuevo nos encontramos moviéndonos desde Siria hasta Roma. Ahora analizamos *El pastor de Hermas*. Este documento se asocia por lo general a la iglesia romana, pero más allá de esta idea fija y firmemente asentada, la incertidumbre ha imperado sobre *El pastor*. La fecha que debería asignarse a la obra ha sido un punto de bastante disputa,[5] pero mi opinión es que el impacto combinado de los diversos estudios nos lleva a principios del segundo siglo. Se ha discutido mucho sobre cuántas revisiones o autores ha tenido el libro hasta llegar a su estado actual. Además, la identidad de Hermas mismo, y su papel en la iglesia de Roma, han atraído mucha atención. Nos estamos deteniendo en este libro porque presenta material que sugiere que la profecía todavía se encontraba entre los cristianos cuando se escribió.

En primer lugar, debemos lidiar con la información relacionada con Hermas mismo. ¿Era un profeta? Para responder a esta pregunta, tenemos que reconocer que hay muchos pasajes en el libro en los que se describen visiones que Hermas afirmaba haber recibido.[6] Hay incluso dos en las que dice que le fue ordenado publicar sus visiones (46:2 y 114:1-4). Aunque Hermas no insiste realmente en que el título de «profeta» le correspondía legítimamente, parece haber pensado que cumplía esa función.

Pero ¿realmente era un profeta en el sentido que le da el Nuevo Testamento? ¿Ministró conforme a patrones que encontramos ahí? Cuando exponemos lo que aprendemos del don de profecía en 1 Corintios 12-14, algunos de los ejemplos de la profecía del Nuevo Testamento (que se encuentran en Hechos 13:2 y 21:11, por ejemplo) e incluso la experiencia de Ignacio en Filadelfia junto a Hermas, inmediatamente sentimos una diferencia. La relativa simplicidad y franqueza hallada en este material bíblico y en Ignacio, Hermas la reemplaza por un patrón mucho más complejo. Sin embargo, debemos tener en cuenta también la experiencia de Pedro con las visiones que se narra en Hechos 10. Ahí, Dios guio a Pedro mediante una visión; por lo tanto, que Hermas recibiera visiones no es algo sin precedente en el Nuevo Testamento.

Sin embargo, mientras que la experiencia de Pedro se acerca más a Hermas que gran parte del resto del material del Nuevo Testamento, se debe admitir que sigue habiendo una distancia importante entre ellas. Las visiones de Hermas son mucho más frecuentes y más «grandes» que la de Pedro; tanto, que parece que Hermas ha entrado en un tipo de misticismo muy subjetivo y esencialmente desconocido en el Nuevo Testamento. Me temo que haya podido ir tan lejos, que se haya alejado por completo del patrón de la profecía el Nuevo Testamento, pero tengo reticencias para llegar finalmente a esa conclusión.

El segundo indicador en *El pastor de Hermas* de la continuación de la profecía es más sustancial que lo que acabamos de ver. En 43:1-21 surge la pregunta sobre los verdaderos y los falsos profetas. El pastor, que ha sido enviado a instruir a Hermas, destaca que ambos tipos de profecía están en acción, y Hermas pide una regla de oro mediante la cual distinguir al uno del otro. El pastor se la da, diciendo: «Por medio de su vida pon a prueba al hombre que tiene el Espíritu divino», y después: «Te he mostrado la vida de las dos clases de profetas. Por lo tanto, pon a prueba, por su vida y sus obras, al hombre que dice que es movido por el Espíritu».[7]

El primer punto que es importante en este material es simplemente el hecho de que había que hacer la distinción. Si el modo de decidir si un profeta es verdadero o falso era importante, significa que debía haber un número considerable de profetas por ahí. H. B. Swete ciertamente pensaba que este era el caso. «Esto», dice él, «es un destacado testimonio de la supervivencia de la profecía en la iglesia romana hasta quizá la cuarta o quinta década del segundo siglo».[8] Swete tal vez no sea certero con su fecha de *El pastor*, pero el punto sobre la supervivencia de la profecía está bien captado.[9]

También es interesante destacar cómo dice este pasaje que actúa el verdadero profeta. *Hermas* 43:9 dice:

> Así pues, cuando el hombre que tiene el Espíritu divino acude a una asamblea de hombres justos, que tienen fe en el Espíritu divino, y se hace intercesión a Dios en favor de la congregación de estos hombres, entonces el ángel del espíritu profético que está con el hombre llena al hombre, y éste, siendo lleno del Espíritu Santo, habla a la multitud, según quiere el Señor.[10]

Hay varios puntos a destacar. Primero, el ministerio del verdadero profeta se desarrolla en el contexto de la adoración en grupo. Sucede en «una asamblea». Segundo, el mensaje del profeta está dirigido al grupo, no a un individuo. Tercero, el profeta está lleno del Espíritu y dice lo que Dios quiere que diga. No está respondiendo a la pregunta de alguien, como dice este capítulo que hace el falso profeta. Este cuadro del ministerio profético tiene muchas cosas en común con lo que encontramos en 1 Corintios 12-14. La frase «el ángel del espíritu profético que está con el hombre llena al hombre» es una adición interesante, la cual ciertamente no se encuentra en el material paulino. Sin embargo, la frase parece ir en paralelo a «siendo lleno del Espíritu Santo», aunque ni el pastor ni Hermas dejan claro cómo encajan las dos. Sin embargo, Hermas y sus contemporáneos conocían bien algo muy parecido a la profecía del Nuevo Testamento.

Hay mucha controversia girando en torno a *El pastor de Hermas* y su autor; sin embargo, Hermas estaba familiarizado con los profetas y sabía que desempeñaban un papel destacado en las iglesias con las que estaba familiarizado. De hecho, quizá incluso Hermas había sido profeta en algún sentido. Todo esto se combina para convertirlo en un testigo importante de la presencia de los dones del Espíritu entre los cristianos a principios del segundo siglo.

Este periodo es de relativa oscuridad en la historia de la Iglesia; sin embargo, junto a unos pocos contribuyentes más, las experiencias y los escritos de Ignacio y Hermas arrojan luz sobre lo que estaba sucediendo. La información que podamos reunir de estos dos autores demuestra que los dones espirituales todavía se encontraban entre los cristianos que vivían en ese entonces, y como veremos, los dones no cesaron con ellos.

CAPÍTULO 3

Del espíritu y la mente

Al adentrarnos en las décadas intermedias del segundo siglo en un estudio de la iglesia primitiva, descubrimos que regresan las luces. La iglesia ha seguido creciendo prácticamente en todos los sentidos. El número de cristianos se ha multiplicado drásticamente; la composición social de la iglesia ha girado hacia arriba de algún modo, y la teología se ha desarrollado. Los cristianos intentaban edificar sistemas lógicos que expresaran con precisión lo que creían. Llegaron autores en cantidades cada vez mayores, escribiendo para explicar, defender, o enseñar las doctrinas que finalmente se convertirían en la «fe» cristiana. El historiador es capaz de hablar con mayor certeza sobre este periodo que sobre tiempos anteriores, porque tiene mucho más material disponible. La iglesia estaba viva y, en su mayoría, bien, y dejó muchas sendas que el estudiante puede seguir.

Parte del material que sobrevive de la parte central del segundo siglo tiene que ver con la espiritualidad de los cristianos que vivían entonces. Nos ayuda a «sentir» el clima religioso existente al menos entre algunos cristianos, y también nos sugiere que los dones del Espíritu seguían siendo parte de la experiencia cristiana. Tocaremos dos fuentes de información, y de nuevo el movimiento será de Oriente a Occidente.

Las odas de Salomón

Las *Odas* ha tenido una relación intermitente con el mundo académico. Cuando Rendel Harris las volvió a sacar a la luz en 1909 después de estar siglos en el limbo, el mundo teológico reaccionó con gran interés. Las revistas cultas se llenaron de artículos sobre las *Odas* a medida que los investigadores trabajaban para liberar cada rayo de luz posible que, hasta el momento, esta colección perdida de cantos pudiera arrojar sobre la iglesia primitiva. Después las volvieron a dejar en las sombras durante un par de décadas, para volver a sacarlas a la luz a finales de la década de los años cincuenta.

Se ha realizado un gran trabajo detectivesco en un intento de aclarar preguntas relativas al dónde, cuándo y quién las escribió, el lenguaje en el que se escribieron originalmente, y si reflejan o no un trasfondo cristiano herético u ortodoxo. Me gustaría dejar a un lado estas preguntas y contentarme con decir que creo que las escribió en algún momento antes del año 150 d. C. en Siria una persona que pertenecía a la corriente principal de la iglesia cristiana.[1]

Las *Odas* es importante para este estudio por lo que son: la efusión de un alma fascinada por Dios. R. M. Grant mira las odas como «"salmos" individuales como los que se mencionan en 1 Corintios 14:26».[2] Si está en lo cierto, estamos ante las palabras de alguien que pensaba que estaba hablando en obediencia a los impulsos del Espíritu Santo. Nos muestran que en la iglesia de la que surgieron había personas que eran capaces de emocionarse con el hecho de embelesarse con Dios. Al mirar varias de ellas, sentiremos este espíritu con mucha facilidad.

Oda 11:6 y 7
Y las Aguas que hablan tocaron mis labios
abundantemente desde la fuente del Amo,
Y bebí y me embriagué
con el agua viviente que no muere.[3]

Juan 7:38-39 también habla de «agua viva», pero en este pasaje de las *Odas* la frase puede que no se esté refiriendo al Espíritu Santo. Me recuerda la fuente llamada Castalia que era una parte esencial del oráculo de Apolo en Dafne, en Siria. Se creía que las aguas burbujeantes de esta fuente daban un «soplo» que hacía que los sacerdotes del santuario deliraran. Después daban mensajes del dios.

El poeta habla de una experiencia en la que sintió la abrumadora presencia de Dios. Tal vez está mezclando la idea pagana del agua que tiene poderes divinos con el concepto cristiano del Espíritu Santo como «agua viva», pero es más probable que simplemente esté intentando expresar el éxtasis que sintió.

Oda 12:1 y 2
Él me ha llenado mi boca con palabras de Verdad
para que yo pueda comunicarlas.
Como caudal de aguas fluye la Verdad de mi boca,
y mis labios declaran Su fruto.

La consciencia profética de estos versículos es obvia. El autor claramente está afirmando una inspiración divina en su mensaje.

Oda 18:4
¡Oh Amo! ¡Por el bien de aquellos que carecen de Ti
no quites tu Palabra de mi boca!

Con respecto a esta oda, Harris comenta:

> El escritor de este salmo habla como un profeta, que ha conocido la visitación divina y ha sentido su efecto tanto en la mente como en el cuerpo, en el disipar del error y la sanidad de la enfermedad. Ora por una continuidad del don celestial por causa de las personas necesitadas a la que da su mensaje.[4]

El autor de la oda está recordando tiempos del ministerio pasado, y pide más empoderamiento para ser de ayuda para otros.

Oda 28:1-3
Como las alas de las palomas sobre sus polluelos;
y la boca de los polluelos hacia sus bocas
Así son las alas del Espíritu sobre mi corazón
Mi corazón es complacido y regocijado:
como el bebé que se regocija en el vientre de su madre.

Aquí, el poeta intenta comunicar la intensidad de su deseo de tener comunión con el Espíritu y recibir de Él inspiración.

Oda 36:1 y 2a
Descansé en el Espíritu del Amo, que me llevó a las alturas:
Me puso de pie en las alturas del Amo.

El autor recuerda una ocasión en la que había estado en un éxtasis en el Espíritu. Este es el lenguaje de un profeta. Al igual que en los pasajes que se han citado y comentado arriba, hay otros muchos que dan su apoyo a la idea de que el poeta también era profeta. Son las *Odas* 2:1 y 2; 7:18; 14:8; 16:5 y 40:2. Todo este material se combina para dar la imagen de un hombre que está familiarizado con el mover prácticamente tangible del Espíritu, y eso nos hace suponer que debió haber ministrado en una atmósfera receptiva a ese mover. La pasión no estaba ausente en la experiencia de Dios que disfrutaban los cristianos sirios del segundo siglo. Estas personas esperaban que Dios se involucrara de manera activa en sus vidas.

La profundidad del sentimiento mostrada en las *Odas* es destacable. El ruego del autor pidiendo más de Dios me hace pensar en lo que habría podido ocurrir en Corinto después de que los cristianos leyeran la primera carta que Pablo les escribió. Les dice: «Procurad, pues, los dones mejores» (1 Corintios 12:31), «Seguid el amor; y procurad los dones espirituales, pero sobre todo que profeticéis» (1 Corintios 14:1), y «procurad abundar en ellos para edificación de la iglesia» (1 Corintios 14:12). Creo que la actitud hacia los dones del Espíritu que Pablo quería que tuvieran los corintios queda claramente ilustrada en las *Odas*. El clima religioso que existía donde se escribieron las *Odas* debió haber sido muy favorable al ministerio de los dones.

Justino Mártir

El movimiento de la poesía a la filosofía debiera ser bastante fácil: han existido muchos poetas filosóficos y muchos filósofos poéticos. Por desgracia, la transición no puede pasar desapercibida en el caso que tenemos antes nosotros. Puede que seamos capaces de encontrar algo de filosofía en las *Odas* pero, en mi opinión, ¡Justino no es poeta! Dicho esto, tenemos que analizarlo porque es muy importante para este estudio.

Justino vivió como filósofo. Lo vemos de adolescente, o al menos en su juventud, buscando la verdad. Pasó de un sistema filosófico a otro, visitando cuatro de ellos antes de descubrir finalmente satisfacción en el cristianismo. Le ofendía un filósofo que parecía más interesado en su salario que en la filosofía, y lo dejó despectivamente, mientras que él mismo fue rechazado por el representante de otra escuela porque no pudo cumplir con los requisitos para su entrada. Sin embargo, al final nada de esto fue importante, porque a Justino le atrapó la verdadera «filosofía»: el cristianismo.

Nunca dejó la filosofía. De hecho, cuando se mudó a Roma estableció una escuela en la que enseñaba el cristianismo a todos los que llegaban, presentándolo como el único sistema filosófico seguro y beneficioso.

Justino no se encerró en la torre de marfil, sin embargo. Se convirtió en un modelo por excelencia del apologista cristiano cuando escribió un tratado al emperador, sus hijos, y el Senado romano en el que imploraba un trato justo para los cristianos. En este libro intentó desactivar el temor y la sospecha cuando estaban surgiendo en todo el entorno de la iglesia cristiana. El intento es un tributo a su preocupación, pero no salvó a su autor. Murió como mártir por la fe cristiana en algún momento entre el 162 y el 168 d. C.

Justino ocupa una posición única entre los autores cristianos primitivos, cuando se considera cómo manejó el tema de los dones del Espíritu. Como hemos visto, y como veremos, varias de estas personas experimentaron los dones o hicieron referencia a ellos. Sin embargo, Justino en realidad enseña sobre ellos. Cierto es que no dice mucho, pero hace un comienzo. Lo que tiene que ofrecer sobre este tema se encuentra en su registro de una discusión teológica que tuvo con un judío llamado Trifón. El rumbo de esta conversación sacó de Justino su teología. Primero consideraremos sus comentarios y después intentaremos evaluar su importancia para nuestro estudio.

El primer material de Justino que veremos está tomado del capítulo 39 de *Diálogo con Trifón*:

> éstos, iluminados por el nombre de este Cristo, reciben dones según lo que cada uno merece; uno, en efecto, recibe el espíritu de inteligencia, otro de consejo, otro de fortaleza, otro de curación, de presciencia, de enseñanza y de temor de Dios.[5]

En este capítulo, Justino reacciona al odio con el que los judíos de su tiempo veían el cristianismo. Él no tenía ilusiones con respecto a la opinión que ellos tenían de los cristianos. Él parece haber visto algunas de sus bases para este sentimiento en el hecho de que cada día había personas que abandonaban las comunidades judías para hacerse cristianos. De paso, destacó que algunos de estos cristianos judíos estaban recibiendo dones.

Es interesante comparar la lista de los dones que nos da Justino aquí con los que ofreció Pablo en Romanos 12:6-8 y 1 Corintios 12:8-11.

Cuando lo hacemos, vemos que existen tanto similitudes como diferencias. Dos dones, sanidad[6] y enseñanza,[7] aparecen tanto en la lista de Pablo como en la de Justino. Existen algunas similitudes entre otros dones que se mencionan en las listas: la «palabra de sabiduría» y la «palabra de conocimiento» en 1 Corintios 12:8 y «entendimiento» y «presciencia» en *Diálogo*, 39. Sin embargo, algunos de los dones de Justino, en particular, «consejo», «fortaleza» y «temor de Dios», obviamente no aparecen en ninguna de las listas de Pablo. Sin embargo, si se toman en conjunto, hay cosas suficientes en común como para suponer que Pablo y Justino están hablando de lo mismo.

Todo esto es interesante, pero el punto más importante sobre este pasaje de *Diálogo* no lo hemos destacado aún. Dice que los cristianos *están* recibiendo estos dones. Esto sucedía cuando Justino estaba escribiendo.

La siguiente información en los escritos de Justino, que nos es útil para nuestro estudio, se encuentra justo al principio del capítulo 82: «Porque entre nosotros se dan hasta el presente carismas proféticos (griego, *prophetika charismata*)».[8]

En el capítulo anterior, Justino ha tomado su apoyó en Isaías y del libro de Apocalipsis en cuanto a ciertas ideas sobre los últimos tiempos sobre los que ha estado debatiendo. En el transcurso de su discusión, afirmó que «hubo cierto hombre entre nosotros», el apóstol Juan, que había profetizado. Justino parece haber pensado que Trifón se podría inclinar a hacer preguntas sobre la capacidad de Juan para profetizar. Para impedir eso, Justino se apresuró a destacar que, incluso en el presente, unos 50 o 60 años después de la muerte de Juan, había cristianos que profetizaban. También le dijo a Trifón en términos muy claros que estos dones habían sido transferidos de los judíos a los cristianos.[9]

Justino amplía esta última idea en los capítulos 87 y 88 de su *Diálogo*. Aquí responde a una pregunta que le habían hecho. Trifón se refiere a Isaías 11:1-2.

> Y brotará un retoño del tronco de Isaí, y un vástago de sus raíces dará fruto.
> Y reposará sobre Él el Espíritu del Señor, espíritu de sabiduría y de inteligencia, espíritu de consejo y de poder, espíritu de conocimiento y de temor del Señor.

Justino aparentemente había dicho que este pasaje encontró su cumplimiento en Cristo. Lo que Trifón quería saber era que, si Cristo necesitó estos dones del Espíritu, cómo se le podía considerar preexistente. La ausencia de estas habilidades o características implicaría que Jesús era algo menos que plenamente divino.

La respuesta de Justino es digna de mención. Cristo no recibió estos dones porque los necesitara, sino porque el hecho de que los tuviera era parte de la estrategia global de Dios para tratar con los judíos. Fue la intención de Dios eliminar todos los dones de los judíos, y Él lo llevó a cabo dándoselos a Cristo. Después, como cumplimiento de la profecía (Justino cita Salmos 86:16 y Joel 2:26), Cristo comenzó a dispensarlos entre los cristianos. Entonces, Justino lleva su argumento a su clímax diciendo: «Así entre nosotros pueden verse hombres y mujeres que han recibido carismas del Espíritu de Dios».[10]

Las metas obvias de este material son mostrar por qué Cristo recibió los dones del Espíritu Santo y explicar qué hizo después con ellos. Este es el primer intento en la literatura primitiva cristiana de explicar la presencia de los dones espirituales en la iglesia. En el proceso de desarrollar su pensamiento sobre esta pregunta, Justino, casi incidentalmente, proporciona evidencia que apoya la idea de que los dones espirituales todavía se encontraban entre los cristianos de su tiempo.

Lo que Justino tiene que decir sobre los dones del Espíritu es bastante obvio. Él pensaba que seguían siendo parte de la experiencia cristiana. Pero ¿nos podemos fiar de lo que dice? ¿Reflejan sus comentarios sobre los dones espirituales con precisión las condiciones de la iglesia, al menos en Roma, a mitad del segundo siglo?

Creo que la respuesta es «sí». Primero, destacaría que los historiadores que estudian la iglesia primitiva no parecen tener dificultad alguna para asumir que se puede confiar en Justino cuando habla sobre la iglesia de su tiempo. Por ejemplo, tiene mucho que decir sobre la adoración cristiana y sobre los sacramentos. La mayoría de las personas aceptan lo que dice como una descripción precisa de lo que sucedía en la iglesia romana.[11] Si Justino es confiable cuando habla sobre algunos aspectos de la iglesia romana de mitad del segundo siglo, su precisión probablemente se extienda también a otros aspectos.

La confiabilidad de los comentarios de Justino sobre los dones del Espíritu también se podría sostener de otras maneras. Deberíamos recordar que vimos pistas bastantes fuertes de experiencia carismática en la carta a los corintios de Clemente de Roma,[12] y examinamos la evidencia que *El pastor de Hermas* nos ofrecía al defender la idea de que los cristianos estaban experimentando los dones del Espíritu.[13] Ambas fuentes de información están relacionadas con la iglesia de Roma: la iglesia de Justino. Si su evidencia es aceptable, no debería sorprendernos encontrar cristianos allí ministrando mediante los dones del Espíritu en los tiempos de Justino.

Antes de dejar a Justino, hay algo más que deberíamos considerar. G. T. Purves dice:

> Al viajar a las grandes ciudades del Imperio, como parece que ha hecho; al residir, como ciertamente hizo por muchos años, en la capital misma y por lo tanto en el foco principal de la actividad literaria y religiosa de su tiempo, así como social y política, es muy probable que conociera el cristianismo no en sus peculiaridades locales, sino en sus elementos universales y esenciales.[14]

Esto es muy importante, si es correcto, y parece haber buena base para aceptar el comentario de Purves. Esto significa que, cuando

Justino hace comentarios generales sobre la iglesia, como hace con referencia a los dones del Espíritu, tal vez tiene en mente no solo la iglesia en Roma sino también a las iglesias dispersas a lo largo de un área geográfica más grande.

La evidencia extraída del *Diálogo con Trifón* de Justino nos ayuda mucho a la hora de demostrar que los cristianos de su tiempo no estaban ajenos al ministerio de los dones del Espíritu.

Si seguimos a la iglesia hasta mediados del segundo siglo, nuestro camino se hace más fácil de ver. Hay más fuentes disponibles, y se puede aprender mucho de lo que estaba ocurriendo entonces. Observamos mucho desarrollo en la organización de la iglesia, y notamos los repetidos intentos de llegar a una idea precisa de lo que es la doctrina cristiana. También aprendemos que en la iglesia estaban aquellos que disfrutaban de vidas espirituales vivas y activas.

Las *Odas de Salomón* es una ventana al alma de alguien. Lo que vemos revelado es un anhelo apasionado de la presencia de Dios. La imagen destaca la realidad de esta vida religiosa tan vibrante. Al margen de lo que haya creído el autor de las *Odas*, aquí hay al menos una persona que sentía profundamente su cristianismo. Su poesía puede que incluso sea una declaración profética.

El estilo de escritura de Justino es mucho más real, incluso apagado. A pesar de ello, nos deja pensando que la atmósfera de expectante adoración, la cual sentimos en las *Odas*, no es en modo alguno inusual. En varias ocasiones en el registro de su conversación con Trifón se refiere a los dones del Espíritu como si fueran parte de la iglesia de su tiempo. La una aporta evidencia concreta de cosas que sucedían en la atmósfera que sentimos en la otra. La iglesia de mediados del siglo segundo era carismática. Al continuar adentrándonos más en su historia, veremos que siguió siendo así.

CAPÍTULO 4

De la periferia de la iglesia

Al pasar a la segunda mitad del segundo siglo, descubrimos que la atmósfera en la iglesia está cambiando. Por supuesto que este cambio no es un caso claro ni repentino. La historia fluye como un río. Es de una pieza. Lo que sucede al comienzo es la base para lo que ocurre después, y lo que ocurre después es el resultado de eventos anteriores. La iglesia no cambió radicalmente de la noche a la mañana, pero cuando comparamos lo que era la iglesia en la primera mitad de este siglo con lo que era en la segunda, es perceptible un marcado cambio. Tal vez lo que estaba ocurriendo lo podamos describir con una sola palabra: sofisticación. La iglesia estaba creciendo y, al hacerlo, no escapó de los dolores asociados al crecimiento.

Hay muchas tensiones. El crecimiento de una organización, tanto a nivel local como a gran escala, conlleva sus dificultades. Los intentos de pensar en la doctrina cristiana provocaron disputas. Las personas se preguntaban básicamente cosas similares, pero estaban llegando inaceptablemente a respuestas distintas. Estos y otros factores llevaron a una situación muy acalorada en la que se hacía cada vez más importante encontrar la verdad y apegarse a ella, trazando una línea clara entre uno mismo y los que estaban equivocados.

Mientras se producía todo esto, Dios seguía obrando abundantemente. Documentos del periodo indican que la marea de espiritualidad aún estaba fluyendo. La evidencia de que los dones del Espíritu todavía eran muy importantes en la iglesia nos llega desde varias direcciones durante este periodo. Nos enfocaremos aquí en los profetas cristianos y en los que hablaban en lenguas en la última parte del siglo segundo.

Montanismo

El primer pozo (algunos dirían sin reticencia alguna «pozo negro») del que extraemos información es del montanismo. Teniendo muy en mente material encontrado en varios pasajes de Eusebio y Epifanio, creo que la mejor fecha de la aparición de este movimiento sería poco después del 170 d. C.[1] Justo después de salir por primera vez a la luz, el montanismo ha sufrido muchas revisiones mezcladas.[2] No cabe duda de que estas personas tenían algunas ideas bastante extrañas, pero me parece que es difícil de justificar la idea popular de que el montanismo fue una de las mayores herejías que amenazaron la iglesia primitiva.

Para muchos, el montanismo es equivalente a Tertuliano, el famoso autor cristiano del norte de África. Quiero bordear esa ecuación y regresar al montanismo temprano de Asia Menor. Por un lado, por razones que veremos después, creo que hay algunas preguntas bastante transcendentales que hacer sobre la relación de Tertuliano con el montanismo. Por otro lado, el montanismo de Asia tiene bastante importancia por sí mismo. Somos capaces de llegar a él mediante sus profecías que han llegado hasta nosotros, comentarios hechos por sus contemporáneos, e inscripciones encontradas en la zona donde era más fuerte; y la recompensa de hacer el esfuerzo de estudiarlo será grande.

El montanismo surge del material relacionado con él como un movimiento religioso muy provocador. Surgen preguntas sobre su posición doctrinal. Su actitud hacia el martirio, su idea sobre los últimos tiempos, su código ético, y la organización de su ministerio son cosas de interés. Todo esto se vuelve particularmente apremiante al intentar descubrir por qué el movimiento finalmente se declaró herético. Sin embargo, lo que nos ocupará aquí será solo una faceta del movimiento, aunque es la más característica y controvertida: su práctica de los dones espirituales. Daremos dos pasos, observando mientras avanzamos que la profecía entre los montanistas tenía mucho en común con cómo la iglesia en general lo veía, y que los montanistas probablemente también hablaban en lenguas.

Cuando nos lanzamos a estudiar los dones del Espíritu entre los montanistas, acudimos a las dieciséis profecías de ellos que han sobrevivido. Con ellas a la mano, intentemos primero descubrir cuál era la condición interna del profeta montanista mientras estaba profetizando.

Una profecía preservada por Epifanio nos aporta un punto de inicio:

> Miren, un hombre es como una lira y yo toco
> sus cuerdas como una púa;
> El hombre duerme, pero yo estoy despierto.
> Miren, es el Señor, que está cambiando el corazón
> de los hombres y dándoles un corazón nuevo.[3]

Podemos entender el punto principal de este pasaje con bastante facilidad. Nos dice que, cuando un profeta está profetizando, Dios está en control absoluto. Esta idea se enfatiza adoptando una ilustración del mundo de la música. Para que se produzca música instrumental debe haber, por supuesto, un instrumento en condiciones útiles: sus claves, cuerdas, válvulas o pieles son esenciales. Sin embargo, para que salga el sonido de ese instrumento, un músico lo debe tocar. Su predilección determinará qué tipo de música hará con él. De modo similar, para que haya profecía debe haber alguien dispuesto a profetizar, pero cuándo lo hace y lo que dice depende completamente de Dios.

El segundo versículo del pasaje destaca lo que acabamos de ver. Se representa a Dios actuando mediante un hombre que está dormido. Esto enfatiza la pasividad del profeta durante la profecía; es como si sus facultades naturales estuvieran dormidas. Él no compone su mensaje ni planea sus acciones. Dios actúa a través de él.

Por lo tanto, por lo que respectaba a los montanistas, durante la profecía el profeta es pasivo. Dios lo controla y da, por medio de él, el mensaje que quiere que la gente oiga.

Cuando miramos el contenido de algunos de estos pasajes dados «bajo el control de Dios», lo que acabamos de observar se graba un poco más en profundidad. En las profecías que han sido preservadas hay un tema recurrente que tiene que ver con la relación entre el profeta y Dios. Esto se encuentra en las profecías contenidas en el *Panarion* de Epifanio, 48:11 (2 profecías aquí), 48:12, la *Historia eclesiástica* de Eusebio, 5, 16:17, *Sobre la modestia*, de Tertuliano, 21, y *Sobre la Trinidad*, de Dídimo, 3:41. El denominador común de todos estos pasajes es que, en cada uno de ellos, se asume que un miembro de la Trinidad u otro (o los tres) ha estado en el montanista correspondiente y ha hablado a través de él (o ella). Dos profecías ilustran esto particularmente bien.

> Porque Montano habló, diciendo: «Yo soy el padre, y el hijo y el paracletos».[4]
> No escucharás de mí, sino que has escuchado de Cristo.[5]

En la primera profecía, Montano, el líder del movimiento, estaba involucrado, y en la segunda era una de sus asociadas: Maximilla.

Parece cierto decir, entonces, que entre la profecía de los montanistas había un tipo de éxtasis en el que Dios estaba en control del profeta. Esto ciertamente es una desviación del patrón paulino de 1 Corintios 14:29-31, donde los profetas son capaces de controlarse. Entonces, ¿de dónde vino este concepto de la profecía?

Tenemos que comenzar reconociendo que así era como se veía la profecía en los círculos paganos del momento. La literatura de esa parte de la sociedad está llena de referencias a «posesión de dios», y lo que se describe es muy similar a lo que vemos en el montanismo.

Sin embargo, no tenemos que llegar tan lejos para encontrar una explicación para lo que pensaban los montanistas sobre la profecía. Por ejemplo, es útil que recordemos el modo en que los cristianos del segundo siglo entendían la profecía del Antiguo Testamento. Varios apologistas griegos pertenecen a este periodo, y sus obras nos dan una ayuda. Justino afirma que el Espíritu hablaba a través de los profetas y salmistas;[6] Teófilo dice claramente que los profetas del Antiguo Testamento eran poseídos por Dios,[7] y Atenágoras dice con respecto a Moisés, Isaías, Jeremías y otros personajes del Antiguo Testamento que eran

> elevados en éxtasis por encima de las operaciones naturales de su mente por los impulsos del Espíritu divino, [y que ellos] pronunciaban las cosas con las que eran inspirados, con el Espíritu haciendo uso de ellos como un flautista sopla en una flauta.[8]

El énfasis en estos pasajes está en la actividad de Dios y la pasividad del profeta. Estos hombres veían la profecía del Antiguo Testamento de modo muy parecido a como veían sus contemporáneos a los profetas paganos. Se debe admitir, por supuesto, que estos tres cristianos habían llegado a la iglesia procedentes del mundo griego de su tiempo, y no cabe duda de que habían absorbido muchas de sus ideas. Sin embargo, a la luz de sus trasfondos educativos, probablemente estuvieran entre los miembros menos ingenuos de la comunidad cristiana. Probablemente estaban también entre los que serían más críticos con el mundo pagano que los rodeaba. Si tenían una visión de la profecía del Antiguo Testamento que era similar al entendimiento contemporáneo de la profecía pagana, es muy probable que muchos otros cristianos también la tuvieran. Los apologistas griegos nos dan cierta idea de lo que pensaba sobre la profecía la corriente principal de la iglesia cristiana del siglo segundo, y su pensamiento es muy similar al que encontramos entre los montanistas. De hecho, Atenágoras incluso usó una ilustración de la música del mismo modo que lo hizo Montano.

Podemos incluso avanzar más allá de este punto. No solo podemos comparar a Montano y el pensamiento cristiano principal sobre la profecía, sino que podemos mirar la experiencia interna de los profetas en ambos grupos. Por desgracia, no hay ningún ejemplo de un profeta cristiano que no sea montanista en la segunda mitad del siglo segundo, pero podemos recurrir a Ignacio, que vivió unos sesenta años antes.

Cuando estudiábamos a Ignacio,[9] veíamos que era un profeta-obispo y que, al menos en una ocasión, afirmó haber servido como vocero de Dios. En esa ocasión, él negó que el mensaje que había dado era propio, insistiendo en que Dios había hablado a través de él. Esto es algo muy similar a lo que encontramos en las profecías de Montano y Maximilla que citamos antes.[10]

Todo esto demuestra que la visión y la experiencia profética de los montanistas tenían mucho en común con lo que estaba ocurriendo en la iglesia en general. Los montanistas se habían movido de algún modo del cuadro que Pablo presentó en 1 Corintios 14, pero ciertamente no estaban solos: la iglesia también estaba ahí. Tal vez ambos habían sido influenciados por la forma en que actuaban los profetas en el mundo pagano que los rodeaba.

Ahora que hemos examinado las profecías montanistas en un intento por descubrir lo que decían sobre la naturaleza de la experiencia, estamos listos para dar nuestro segundo paso. Vayamos ahora a analizar lo que decían los críticos del montanismo temprano para ver si añaden algo. En cuanto nos acercamos, vemos que la espiritualidad de los montanistas era más compleja de lo que parecía hasta este punto.

Por un lado, hay profecías montanistas que, en cuanto al lenguaje se refiere, son declaraciones claras y fácilmente entendibles. Por ejemplo, escuchamos decir a Maximilla: «Soy expulsada como un lobo de las ovejas. Yo no soy un lobo, soy palabra y espíritu y poder».[11] Al margen de lo que podamos pensar sobre los sentimientos expresados, podemos entender las palabras. No son oscuras. Cualquiera que supiera griego y que hubiera estado a su lado le habría entendido.

Por otro lado, hay tres pasajes en la refutación que Apolinario hace del montanismo, preservada por Eusebio, en los que se describe a los montanistas como hablando de una forma muy atípica y difícil de entender. ¿Cómo explicamos esta aparente variedad de lenguaje? Veamos más de cerca estos tres pasajes de Apolinario.

El primero es: «Él comenzó a ponerse eufórico y a hablar de forma extraña».[12] El éxtasis de Montano, su ser lleno de Dios, resultó en un lenguaje inusual. En segundo lugar leemos: «... así que ellos (Maximilla y otra compañera, Prisca) hablaron de forma loca, impropia y extrañamente, como Montano».[13] Ambos pasajes enfatizan la rareza del lenguaje de los montanistas.

El último pasaje es realmente un fragmento: «...porque no recibimos a sus profetas que canturrean».[14] La palabra clave es «canturrean». Así es como Lake tradujo la palabra griega *ametrophōnous*, pero otros lo han manejado de otro modo. McGiffert la traduce como «locuaces»,[15] y el trato que le da Oulton a toda la frase sería «profetas de lenguas sin riendas».[16] Estos traductores usaron distintas palabras, pero todos concuerdan mucho en el sentido: los profetas montanistas hablaban mucho o muy a menudo.

Sin embargo, no hay una revisión objetiva que podamos aplicar a las traducciones de este pasaje, porque este es el único lugar en la literatura griega donde aparece la palabra *ametrophōnous*.[17] Cuando nos encontramos con una situación como esta, lo único que se puede hacer es examinar cuáles son los posibles significados de las palabras más breves que componen la palabra que se quiere estudiar, y después decidir qué combinación de esos significados es la que más se adapta al contexto en el que se encuentra la palabra.

Habiendo hecho eso, sugiero que traduzcamos la frase con el sentido de profetas «que hablan en un número indefinido de algo parecido a lenguajes». Esa traducción no ganará ningún premio por su belleza, pero es un significado posible de la frase. Indica que tal vez estemos ante una referencia a hablar en lenguas. En ese caso, tendríamos una explicación para los dos tipos distintos de lenguaje que encontramos en el montanismo. Quizá estaban haciendo uso tanto de la profecía como de las lenguas. ¿Sería eso posible? Creo que incluso es probable.[18]

El montanismo irrumpió en la iglesia en Asia Menor, afectando su vida, a principios del 170 d. C. Una vez recuperada del impacto inicial, la iglesia se dispuso a cortar la vida de esta «herejía de los frigios». Lo que parece que más preocupó a la iglesia sobre el montanismo era un tipo de discurso eufórico que los montanistas creían que se producía cuando Dios los poseía. Este tipo de actividad profética tenía mucho que ver con la experiencia de las religiones paganas, pero también se parecía a lo que se pensaba y experimentaba en el cristianismo establecido. Un estudio cuidadoso de los textos de las profecías montanistas y de comentarios hechos por los primeros críticos del movimiento señalan fuertemente a la conclusión de que la profecía y las lenguas, dos dones espirituales destacados dentro de la iglesia del Nuevo Testamento, habían continuado entre los cristianos de la segunda mitad del segundo siglo.

Celso

El siguiente material que traeremos a nuestro estudio nos llega de una dirección un tanto extraña. Hacia el final de su carrera, un amigo de Orígenes, el famoso teólogo, le pidió que respondiera a un ataque que un filósofo platonista, Celso, había lanzado contra el cristianismo. Unos setenta años antes, alrededor del 180 d. C., Celso había intentado explorar las debilidades del cristianismo. El libro de Orígenes, *Contra Celso*, es su respuesta a esta petición. Su método fue citar pasajes del libro que contenía el ataque de Celso, *Discurso verdadero*, comentando sobre ellos de forma crítica.

Uno de los pasajes que cita Orígenes nos resulta interesante aquí, porque sugiere que Celso se había encontrado con algo que se parecía bastante a los dones carismáticos. Veremos el pasaje en cuestión detalladamente, intentando ver exactamente de qué hablaba Celso, y después intentaremos identificar a las personas que se había encontrado Celso.

El pasaje con el que lidiaremos se encuentra en *Contra Celso*, 7, 9:

> Muchos son, dice él, esos profetas, gentes sin nombre, que con la mayor facilidad y por cualquier pretexto echan sus peroratas dentro o fuera de los templos. De ellos hay que andan mendigando y recorren las ciudades y se meten por los campamentos, movidos, dicen, a dar un oráculo. Cualquiera de ellos tiene a mano su acostumbrado discurso: «Yo soy Dios (o Hijo de Dios o Espíritu divino). Heme aquí que he venido, pues el mundo está ya pereciendo y vosotros, ¡oh hombres!, perecéis por vuestras iniquidades. Yo os quiero salvar, y me veréis que otra vez retorno con poder celeste. Bienaventurado el que ahora me dé culto; mas, sobre todos los otros, ciudades y lugares, arrojaré fuego eterno. Y los hombres que no saben sus propias penas, se arrepentirán y gemirán en vano; mas a los que me creyeren, los guardaré eternos»... «Después de estas baladronadas, añaden una tiramira de palabras desconocidas, desatinadas y totalmente oscuras, cuyo sentido ningún hombre inteligente pudiera hallar, pues realmente nada significan;

> pero a cualquier insensato o charlatán le da la mejor ocasión de entenderlas como se le antoja».[19]

Celso insiste en que este es un reporte de un testigo presencial.

El argumento que desarrolla Orígenes con Celso en los primeros capítulos del séptimo libro de *Contra Celso* surge desde una táctica inteligente por parte del filósofo pagano. Intenta mostrar que realmente no es válido para los cristianos buscar predicciones sobre Cristo en los profetas del Antiguo Testamento. Orígenes dice: «Ahora se propone Celso censurar la doctrina según la cual cuanto atañe a Jesucristo fue profetizado por los profetas del pueblo judío».[20] Celso procede destacando que los cristianos se burlaban de los distintos sacerdotes y sacerdotisas griegos que daban oráculos (los cuales él piensa que jugaron un papel importante en la historia de su nación), mientras que aceptan a los profetas del judaísmo.[21] También afirma que hay una conexión entre el modo en que los profetas judíos profetizaban y el tipo de profecía que había visto en Fenicia y Palestina.[22] Orígenes nos hace esperar antes de permitirnos ver el significado de la conexión que ha establecido Celso.

Finalmente, en *Contra Celso*, 7, 9 (el pasaje citado en la página anterior), Orígenes permite que Celso nos diga qué tipo de profecía había observado. Es obvio, por el modo en que describe esta profecía, que Celso pensaba que era una variedad bastante mediocre y que quiere que sus lectores lo vean del mismo modo. Por consiguiente, diciendo que los profetas judíos eran igual que eso, Celso intentaba devaluar el valor de su profecía. Su meta suprema era socavar la credibilidad de las predicciones del Antiguo Testamento con respecto a Cristo.

Orígenes protestó vigorosamente contra este procedimiento. No da poca importancia a la afirmación de Celso de haber visto y oído a los profetas: eso lo acepta. Sin embargo, rehúsa absolutamente conceder que estos profetas son comparables a los profetas del Antiguo Testamento. Destaca que, en el caso de los segundos, sus contemporáneos reconocieron el valor de lo que decían y preservaron cuidadosamente sus mensajes para sucesivas generaciones. No se podía decir lo mismo de los profetas a los que se refería Celso. De hecho, Orígenes amonestó a Celso por no haber sido capaz de citar a un profeta específico.

Orígenes resume todo diciendo que la falta de confianza de Celso en los profetas del Antiguo Testamento realmente tiene muy poco que ver con los profetas mismos. Las raíces de ello residen en la dureza de cabeza del propio Celso, la cual le hace difícil entender lo que es, como regla, bastante claro.[23]

Este es el trasfondo del pasaje que citamos antes. Cuando regresamos al pasaje para mirarlo más despacio, nos encontramos en entornos familiares. Por un lado, estos profetas con quienes Celso se ha encontrado aparentemente afirmaban divinidad. Celso reporta que se les oía decir: «Yo soy Dios (o Hijo de Dios o Espíritu divino)». Por otro lado, a veces comenzaban un discurso que nadie podía entender. Las palabras que usa Celso para describir este mensaje, «desconocidas, desatinadas y totalmente oscuras», y los comentarios generales que hace sobre toda la escena, me llevan a sospechar que se encontraba observando cómo hablaban en lenguas. Su diferencia tal vez proviene de oír la interpretación de esas lenguas. Dice que, como el mensaje era incomprensible, los insensatos pueden inventar todo tipo de significados. Hans Lietzmann lo ve del mismo modo, al comentar:

> Cuando Celso añade que el mensaje es totalmente incomprensible y hacen sonidos locos, sin significado alguno, y que sin embargo un hombre que solo podía ser un fraude explicaba, el caso era obviamente un ejemplo de la conocida glosolalia con la consiguiente interpretación.[24]

Aunque debió haber sido muy desconcertante para él, es posible que Celso entrara en contacto con un grupo de cristianos que estaban experimentando profecía, lenguas, e interpretación. La descripción que Celso da de ellos no es en modo alguna elogiosa. Parecen una banda de fanáticos. Tal vez su conducta fue excesiva. Por otro lado, quizá Celso simplemente era un incrédulo confuso y ofendido, que estaba reaccionando de manera brusca a las experiencias espirituales que estaban totalmente fuera de su comprensión. El apóstol Pablo dio un tipo de advertencia de que podría surgir este tipo de malentendido:

> Si, pues, toda la iglesia se reúne en un solo lugar, y todos hablan en lenguas, y entran indoctos o incrédulos, ¿no dirán que estáis locos? (1 Corintios 14:23).

Esto se parece mucho a lo que Celso estaba diciendo.

Ahora podemos pasar a intentar descubrir de modo más preciso quiénes eran estos profetas que se había encontrado Celso, y este es un problema difícil. Incluso Orígenes estaba confundido. Lo encontramos diciendo: «Pero no se ve claro si habla de hombres ajenos a la doctrina de judíos y cristianos, o de quienes profeticen a estilo de los profetas judíos».[25] Una cosa es cierta: había personas haciendo este tipo de cosas en muchos de los grupos religiosos de su tiempo. Los profetas eran comunes. Definitivamente, no estaban restringidos al cristianismo.

Sin embargo, aunque el argumento no se puede defender con mucha fuerza, debemos dejar abierta la posibilidad de que las personas que Celso observó realmente fueran cristianos. Hay un par de factores que apuntan en esta dirección.

En primer lugar, el tipo de experiencias a las que se refiere Celso eran relativamente comunes entre los cristianos en la última parte del siglo segundo. Hemos visto las *Odas de Salomón*, un material encontrado en las obras de Justino, en el montanismo, y pronto prestaremos atención a Ireneo y otros. De todas estas fuentes viene información que añade a la impresión de que los cristianos del periodo estaban muy familiarizados con los dones del Espíritu.

En segundo lugar, Celso conocía el cristianismo lo suficientemente bien como para haberse encontrado con personas que estaban activas en el ministerio carismático. Su contacto con la iglesia no era en modo alguno superficial. Se había adentrado en ella lo suficiente como para ser capaz de ver que todos los cristianos no eran iguales. Por ejemplo, era consciente de que los marcionitas y los gnósticos eran dos grupos distintos, y que ambos se mantenían lejos de la corriente principal de la iglesia. Si había llegado hasta aquí en su conocimiento de la comunidad cristiana, hasta el hecho de poder distinguir estas cosas, probablemente también había tenido impresiones sobre las vidas espirituales de los cristianos. Es muy posible que se hubiera encontrado con personas que profetizaban y hablaban en lenguas.

Integrado en el ataque de Celso al cristianismo encontramos un relato de algunas personas que aparentemente profetizaron y hablaron en lenguas. Celso afirma haberlo visto él mismo. No podemos estar del todo seguros de quiénes eran esas personas, pero creo que al menos es posible decir que eran cristianos. Si lo eran, entonces Celso indudablemente nos ha dado evidencia de la supervivencia de los dones del Espíritu entre los cristianos en Palestina en la segunda mitad del siglo segundo.

Lo que hemos intentado hacer en este capítulo es mirar la profecía y hablar en lenguas entre los cristianos como se producían en la segunda mitad del segundo siglo. Hemos visto un par de fuentes de información sobre la iglesia: el montanismo y Celso. El primero es un grupo que se consideraba popularmente como herético, y el segundo es un hombre que atacó el cristianismo con pasión. Al margen de estas cargas, son una adición valiosa a lo que sabemos sobre este periodo.

En cuanto a lo que yo sé, los montanistas no eran heréticos. No cabe duda de que los montanistas tenían algunas ideas inusuales y dijeron algunas cosas que sonaban un tanto extrañas, pero creo que tendríamos que admitir que la extrañeza de pensamiento y la no conformidad en la práctica no están ausentes en la iglesia de la década de 1980. Creo que los montanistas eran cristianos *bona fide*, con diferencias, cierto, pero no dejaban de ser *bona fide*. También eran cristianos que valoraban mucho los dones espirituales.

Lo que extraemos de Celso está en otro rango. Realmente no sabemos con certeza que los profetas a los que hacía referencia eran cristianos. Creo que, si no es probable, al menos es posible que lo fueran. Si lo eran, añadiría algo a la impresión que obtenemos del montanismo: que los cristianos que vivieron en la segunda parte del siglo segundo ciertamente tenían a carismáticos entre ellos. Esta impresión se fortalecerá según avanzamos.

CAPÍTULO 5

De los obispos

El depósito de material al que el historiador puede acudir al estudiar la iglesia durante el periodo en torno al 150 d. C. y el 200 d. C. es abundante cuando se compara con lo que puede ver en décadas anteriores. En nuestro estudio de los dones del Espíritu en este capítulo, nos quedamos en la segunda mitad del segundo siglo. No hemos agotado en modo alguno el material relevante al examinar el movimiento del montanismo y a Celso.

Sin embargo, nuestro enfoque de alguna manera cambia un poco. Cuando trabajábamos con las fuentes que usamos en el capítulo anterior, estábamos sobrevolando el filo de la iglesia del segundo siglo. Al margen de que yo piense o no que los montanistas eran cristianos *de buena fe*, muchos de sus contemporáneos ciertamente no lo pensaban. En cuanto a una parte importante de la iglesia se refiere, los montanistas eran «el margen lunático», o peor. Y cualquier cosa beneficiosa que podamos ver en Celso sería bastante ambigua, por decirlo suave; no el tipo de cosas en las que anclaríamos la vida. ¿Se podría esperar que fuera de otra manera cuando lidiamos con alguien que aparentemente odiaba la iglesia?

Todo esto ahora cambia. Pasamos de la periferia al centro de la iglesia. Las personas a las que acudimos tenían un estatus entre sus contemporáneos, y no tantos colegas. Eran líderes probados, contrastados y respetados por la mayoría de las personas, incluso los obispos. Estoy hablando de Ireneo y Eusebio de Cesarea. Ellos también aportan una cantidad importante de información sobre la vida espiritual de cristianos en la segunda parte del segundo siglo. De hecho, su material nos ayuda a ver que los dones del Espíritu fueron elementos muy importantes del cristianismo durante el periodo en cuestión. Primero consultaremos a Ireneo, y después pasaremos a Eusebio.

Ireneo

Este obispo de Lyon es una figura clave de nuestro estudio. Ocupa esta posición porque ofrece información importante sobre los dones del Espíritu en la iglesia de este periodo. Sin embargo, antes de acudir a la evidencia que queremos considerar, deberíamos intentar tomar la medida del hombre, es decir, descubrir realmente quién es y también lo que es. Este paso inicial es esencial si queremos evaluar con precisión lo que dice sobre los dones del Espíritu.

Comenzamos reconociendo que no sabemos exactamente cuándo nació o cuándo murió. Sin embargo, tenemos muchos otros datos sobre él a nuestra disposición.

Probablemente nació en Asia Menor, un hervidero teológico en el segundo siglo, de tal modo que estuvo bajo la influencia del venerable Policarpo, Obispo de Esmirna, en su juventud. Sin embargo, pasó la mayor parte de su vida en la provincia romana de Gaul, actualmente Francia. No estamos seguros de cuándo emigró, pero parece que se asoció con una iglesia al sureste de Gaul, que estaba compuesta principalmente por personas del Oriente, como él mismo. Lo vemos en el 177 d. C. como sacerdote en la iglesia en Lyon.

Sin embargo, no era un sacerdote común. Cuando se lo menciona por primera vez, su habilidad superior ya se había reconocido. Lo encontramos sirviendo como un enviado especial en favor de los cristianos galos, llevando cartas al obispo de Roma. Se había mostrado como alguien confiable y comprometido. Había en él madera de liderazgo.

Su fortaleza de carácter encontraría su máxima expresión cuando, después del martirio de Potino, fue elegido para ser el obispo de Lyon. En esta posición se convirtió en el pastor de una diócesis en expansión que incluía las iglesias de Lyon y Vienne, y feligreses dispersos por todo el sureste de Gaul.

Estos hechos se combinan para crear la imagen de un hombre que tenía un gran conocimiento de la iglesia de su tiempo. Ireneo había visto la iglesia tanto en Oriente como en Occidente, y tanto en entornos urbanos como rurales. Estos extensos contactos con cristianos en varios lugares debieron haberle concedido una idea más bien global que regional. Por ejemplo, conocía la controversia en la lejana Asia Menor en cuanto a Montano y sus seguidores. Las cartas que llevó a Roma hablaban de eso. Ciertamente, no existe razón alguna para creer que perdió esta perspectiva cuando se convirtió en obispo.

Una vez que Ireneo asumió la responsabilidad como obispo, apareció otra parte de él. Se dedicó a la defensa de la doctrina verdadera de la iglesia. Las falsas ideas sobre la fe cristiana no encontrarían lugar entre sus rebaños, al menos mientras él sostuviera el cayado del pastor. De sus muchos escritos sobrevivieron dos: *La demostración de la enseñanza apostólica* y *Contra las herejías*, y en ambos ataca varias tensiones del gnosticismo.[1] Ireneo se destaca en estas obras como un teólogo cristiano de pleno derecho, probablemente el primero de una nueva estirpe de hombres. Me pregunto el cuidado que tuvo al realizar su obra. ¿Qué tipo de erudito era?

Esta pregunta se puede responder deteniéndonos en *Contra las herejías*. Hasta mediados del presente siglo, esta obra era la mayor fuente de información con respecto a ciertas escuelas de pensamiento del siglo segundo que habían sido agrupadas bajo el nombre de «gnosticismo». Con el paso de los años ha salido a la luz material nuevo que ha hecho posible evaluar la precisión con la que Ireneo entendía los grupos a los que se enfrentaba. Junto a otros documentos, la biblioteca gnóstica copta descubierta en 1945 o 1946 cerca de Nag Hammadi en Egipto forma un gran cuerpo de literatura gnóstica con la que poder revisar a Ireneo.

Cuando se produjo este examen, Ireneo pasó con honores. Se descubrió que lo que él tenía que decir se correspondía bien con lo que se encuentra en los textos gnósticos. Al discutir esta pregunta, el profesor R. McL. Wilson dice:

> La confiabilidad general de Ireneo, nuestro testigo más temprano, ha sido abundantemente vindicada por los investigadores de Foerster y Sagnard, y las conclusiones de estos eruditos ahora se han confirmado ampliamente con los documentos de Nag Hammandi que han sido publicados.[2]

Esto significa que, cuando Ireneo decidió examinar el gnosticismo, tuvo éxito en conocerlo bien. Podemos estar tranquilos con él cuando habla del gnosticismo.

Por lo tanto, Ireneo no solo fue un líder con una amplia perspectiva sobre los asuntos de la iglesia, sino que también fue un hombre con hábitos académicos relativamente cuidados. Esto me sugiere que, cuando Ireneo hace comentarios sobre lo que ocurría a su alrededor entre los cristianos, merece que lo escuchemos con respeto.

Con este examen del carácter y la vida de Ireneo a nuestras espaldas, ahora podemos dirigir nuestra atención a la evidencia que nos ofrece para estudiar los dones espirituales en la iglesia primitiva.

Hay dos pasajes en *Contra las herejías* en los que él habla de dones del Espíritu que sabe que existen en la iglesia. El primero de ellos es:

> … por cuya causa también sus verdaderos discípulos [de Cristo], habiendo recibido gracia de Él, la usaron en su nombre para el beneficio del resto de los hombres, así como cada uno recibió

> el don de Él. Para algunos, expulsar demonios con certeza y verdad, de tal modo que a menudo los que han sido limpiados de malos espíritus creen y están en la iglesia, y algunos tienen presciencia de cosas que serán, y visiones y mensajes proféticos, y otros curan a los enfermos imponiendo sus manos y devolviéndoles la salud, e incluso como hemos dicho, muertos han sido resucitados y han permanecido con nosotros por muchos años. ¿Y debería decir más? No es posible contar el número de dones que la iglesia en todo el mundo, habiéndolos recibido de Dios en el nombre de Jesucristo, que también fue crucificado bajo Poncio Pilato, usa cada día para el beneficio de los paganos, sin engañar a nadie y sin sacar beneficio de ninguno. Porque, así como se recibió gratuitamente de Dios, también los ministra gratuitamente.[3]

Ireneo argumenta contra ciertos herejes que han afirmado tener almas del mismo tipo que Jesús y que a veces han afirmado ser superiores a Él (*Contra las herejías*, 2, 49:2). Ireneo dice que sus obras no han supuesto beneficio alguno para nadie. Después señala las grandes obras que se realizan en el nombre de Jesús y que demuestran que es mayor que los hombres en cuestión. Ireneo no está lidiando principalmente con el pasado aquí. A lo largo de gran parte de la lista que da, está claro que Ireneo habla sobre formas en las que Cristo ministra a la humanidad mediante la iglesia en el presente.

Aporta una lista de dones espirituales que se veían en la iglesia, y es impresionante. Incluye dones como la habilidad de echar fuera demonios, conocer el futuro, visiones, y mensajes proféticos. La lista dada por Ireneo obviamente tiene similitudes con las que se encuentran en Romanos 12 y 1 Corintios 12. Tanto las listas de Pablo como la de Ireneo hablan sobre profecía y sanidad, y ambas incluyen un don que tiene que ver con el control de espíritus malignos: con Pablo, la habilidad de distinguir entre espíritus; con Ireneo, exorcismo.

Sin embargo, para nuestros propósitos, el significado de este pasaje de *Contra las herejías* reside no solo en los paralelismos que muestra con las listas paulinas sino también, y principalmente, en el hecho de que dice que al menos algunos de los dones del Espíritu se veían en los tiempos de Ireneo.

Hasta este momento no he dicho nada sobre uno de los puntos que Ireneo incluyó en su lista de dones. Él dice «e incluso como hemos dicho, muertos han sido resucitados y han permanecido con nosotros por muchos años». Si en realidad estaba ocurriendo eso, es una información asombrosa, por decirlo suave. Sin embargo, soy lo suficientemente escéptico como para cuestionarlo. Pero el hecho de cuestionar lo que dice Ireneo sobre esto, ¿no proyecta algunas sombras sobre la confiabilidad de todo el pasaje? En verdad no.

Esta es una pregunta que Benjamin Warfield trata también.[4] Él dirigió su atención a dos elementos de esta frase que sugieren que Ireneo no quería que sus lectores pensaran que personas muertas habían resucitado recientemente. Primero, apunta a un marcado cambio en los tiempos verbales de los pasajes. Todos los demás dones están escritos en tiempo presente, pero resucitar a los muertos se escribe en pasado. Además, él subraya el hecho de que, después de que los muertos en cuestión regresaron a la vida, siguieron vivos por un número considerable de años. Esto obviamente significa que había pasado bastante tiempo desde que resucitaron. Warfield concluye diciendo que «no hay razón alguna por la que los casos que él [Ireneo] tiene en mente no hayan ocurrido durante la vida de los apóstoles o de los hombres apostólicos», y creo que tiene razón.

El segundo pasaje que quiero examinar es *Contra las herejías,* 5, 6:1:

> Así como también oímos de muchos hermanos en la iglesia que tienen dones de profecía, y que hablan mediante el Espíritu con todo tipo de lenguas, y que sacan las cosas ocultas de los

> hombres a la claridad para el bien común y explican los misterios de Dios.[5]

Este material aparece en medio de una discusión sobre la perfección espiritual. De nuevo hay una breve lista de dones espirituales, y de nuevo hay contacto entre esta lista y las de Pablo.

Este es un testimonio de un testigo ocular en cuanto a que los dones del Espíritu estaban activos en la iglesia, y esto es lo que hace que esta selección sea importante. Ireneo sigue escribiendo, diciendo que la iglesia que él conoce es carismática. De hecho, habla de personas a quienes ha oído ministrar mediante profecía, etc. Parece esforzarse por demostrar que el poder milagroso de Dios no se había alejado de la iglesia.

¿Cómo debemos considerar este material de Ireneo? ¿Podemos aceptar lo que dice? Creo que sí. Recordemos lo que se dijo antes sobre Ireneo. Era un hombre que tenía un contacto cercano con un amplio segmento de la iglesia cristiana, y que ocupaba una posición dentro de la misma. Era un líder respetado. En cuanto a su erudición, la Nag Hammadi ha ayudado a demostrar que estaba preocupado por la precisión de la información. Él se aseguró de estar contándolo tal y como era. Por lo que a mí respecta, era un hombre cuya palabra se puede aceptar, no ciegamente, pero sí con una gran medida de confianza. Creo que lo que dice demuestra con bastante claridad que los dones del Espíritu todavía circulaban en la iglesia cristiana de su tiempo.

Eusebio de Cesarea

El segundo obispo al que escucharemos por un tiempo no es otro que Eusebio de Cesarea, tal vez el primer historiador comprometido que produjo la iglesia. A propósito, él coincide con mi valoración de los comentarios de Ireneo,[6] pero es interesante por sí mismo.

Eusebio parece haber tenido una vida larga y vigorosa, muriendo quizá en el 340 d. C. Fue una figura prominente en la iglesia de su tiempo, un amigo íntimo del gran Constantino, el primer emperador cristiano, de quien Eusebio parecía creer que estaba muy, muy cerca de Dios mismo. Se enredó profundamente en la trama y la contra-trama que se gestó como controversia arriana, que ocupó gran parte del tiempo de la iglesia durante la primera mitad del cuarto siglo. Sea cual fuera la teología de Eusebio, y había muchas preguntas al respecto de eso, era un hombre con un gran interés en el pasado, un interés que le hizo esforzarse mucho por recopilar material histórico. El fruto de su obra es todavía invaluable para los estudiosos de la iglesia primitiva.

Eusebio juntó los resultados de esta investigación histórica en su *Historia eclesiástica*, una obra monumental que terminó finalmente alrededor del 320 d. C. Hay un pasaje en este libro que es particularmente importante para nuestro estudio. En él, Eusebio expresa una opinión sobre lo que sucedía con respecto a los dones espirituales en el último periodo del segundo siglo. Vamos a echar un vistazo a este material, intentando descubrir exactamente lo que dijo Eusebio y evaluar su valor como evidencia del ministerio carismático. Sin embargo, antes de hacer eso valdría la pena ver si podemos juzgar la obra histórica de Eusebio de modo general.

Es bastante obvio que su pensamiento básico sobre la historia era sólido. Reconoció la importancia de llegar a material que provenía del periodo que quería estudiar. Esto lo llevó a trabajar mucho para conseguirlo. Su *Historia eclesiástica* está liberalmente sazonada con citas de un gran rango de escritos, lo cual la convierte en una mina de oro de información sobre los pensamientos de hombres que son desconocidos fuera de sus páginas.

Sin embargo, a pesar de su pasión por las buenas fuentes, Eusebio tuvo algunos impedimentos que pusieron entre comillas gran parte de su obra histórica.[7] Era un hombre parcial. Sus convicciones teológicas se interpusieron en su justicia histórica, y en ningún lugar se ve eso con mayor claridad que cuando está lidiando con la herejía o con los perseguidores. En el caso de quienes habían distorsionado la fe verdadera, nunca les permitió hablar por sí mismos sino que siempre filtra sus ideas mediante escritores «ortodoxos». Trata las fechas de los grupos heréticos para hacerles parecer lo más tempranos posibles, reduciendo así la credibilidad de sus afirmaciones de ser verdaderos sucesores de los Apóstoles.

Eusebio también carecía de habilidad crítica. Lo vemos en la manera en que acepta conclusiones contradictorias de vez en cuando. Esta carencia le hacía ser bastante ingenuo.

Finalmente, hay cierto grado de despreocupación en la obra de Eusebio. Parece que frecuentemente citaba sus fuentes de memoria. También puede que delegara la tarea de copiar citas a ayudantes, y después no revisaba su trabajo. Sea cual sea la explicación, la verdad es que algunas de sus citas son bastante imprecisas.

No hay mucha duda en cuanto a que, si Eusebio intentara hacerse un lugar en el mundo histórico hoy día, estas fallas le pondrían difícil la tarea de conseguir que aceptaran su tesis doctoral. Sin embargo, a pesar de esto, su obra continúa siendo de gran valor, aunque solamente sea como fuente de datos históricos que sencillamente no tendríamos hoy de no haber sido por él.

Ahora podemos acudir a la *Historia eclesiástica,* 5, 3:4, el pasaje relevante para nuestro estudio:

> Justo entonces, el grupo de Montano, Alcibíades y Teódoto en Frigia difundía su idea de la profecía entre muchos por primera vez (porque había aún muchas otras obras maravillosas de los dones de Dios que se estaban realizando en distintas iglesias hasta ese tiempo en que surgió la creencia entre muchos de que estos hombres también eran profetas).[8]

Aquí, Eusebio ofrece una explicación del rápido crecimiento del montanismo, el cual se produjo a principios de la década del 170 d. C., y aunque está entre paréntesis, es importante. Él piensa que la cálida recepción que recibió la profecía montanista, al menos en algunos lugares, se puede atribuir al hecho de que en ese tiempo muchas iglesias aún estaban familiarizadas con los dones espirituales. Los cristianos esperaban ver cosas inusuales ocurriendo entre ellos, así que no tuvieron muchas dificultades con Montano y sus amigos.

Hay algunos problemas con el pasaje según aparece. Eusebio dice que había «*muchas (pleistai)* otras obras maravillosas» en las iglesias. ¿Podemos tomarnos en serio la palabra «muchas»? Quizá sea solo escaparatismo con la intención de mejorar las apariencias. Walter Bauer así lo cree.[9]

Además, para más desgracia, Eusebio no nos da una nota al pie en la que se identifique la fuente de esta información. (¡Ni siquiera un estudiante de carrera aprobaría hoy día si hace eso!). ¿Es simple suposición? ¿Tenía él fuentes concretas para decir eso? ¿Es una impresión general que él tenía? ¿Podemos aceptar lo que dice?

La mayoría de estas preguntas no tienen respuesta. Sin embargo, creo que, al margen de lo que Eusebio estuviera presuponiendo, compartir una impresión general o dar un hecho con fundamento, la verdad es que dio en el clavo.

La evidencia de la presencia de los dones del Espíritu entre cristianos durante esta parte del segundo siglo es abundante. Incluso dejando a un lado el montanismo, hemos podido revisar material de las *Odas de Salomón*, Justino, Celso, Ireneo, y veremos un par de fuentes más. Obviamente, no toda esta evidencia es del mismo valor. Las *Odas*, por ejemplo, no es tan útil como lo es Ireneo. Sin embargo, el cuadro general que conseguimos es importante. Miremos la expansión geográfica que hay: las *Odas de Salomón* y Celso, Palestina y Siria; Justino, Roma; Ireneo, Francia, y notamos que lo que tienen que decir Justino e Ireneo probablemente es aplicable a muchos otros lugares aparte de donde ellos vivieron.

Creo que podemos decir que los cristianos en las últimas décadas del segundo siglo no eran ajenos a los dones del Espíritu. Si esto es cierto, el comentario de Eusebio encaja muy bien, y podemos acreditarle su exactitud.

Hasta este momento de nuestro estudio de los dones del Espíritu en la iglesia de la segunda mitad del segundo siglo hemos visto a un poeta, un filósofo, un grupo de los llamados herejes, y un gran crítico del cristianismo. Aquí hemos acudido a hombres de poder, obispos, Ireneo y Eusebio. Lo que ellos han hecho ha sido añadir de forma importante al cuerpo de evidencia que apoya la idea de que los cristianos de este tiempo seguían siendo carismáticos. Ireneo comenta sobre lo que ve suceder a su alrededor, mientras que Eusebio mira atrás a los últimos 140 años. Ambos señalan claramente a la importancia continuada de los dones espirituales.

CAPÍTULO 6

De la herejía y la superstición

Codearnos con obispos por un tiempo ha sido agradable; pero ahora que nos acercamos al final del material del segundo siglo que tiene que ver con el estudio de los dones espirituales, nos alejaremos de ellos para sumergirnos en aguas turbias. El material que analizaremos ahora es un poco difícil de manejar, ya que viene del gnosticismo y los Hechos apócrifos. Sin embargo, estoy intentando pintar un cuadro completo de la experiencia carismática en la iglesia primitiva, y los documentos a los que nos dirigiremos fueron parte fundamental de esa iglesia. Tendremos que lidiar con la información donde la encontramos.

Fragmentos de Teodoto

Como vimos anteriormente, Ireneo dedicó una gran parte de sus esfuerzos a atacar varios de los sistemas gnósticos que creía amenazantes para la iglesia; y sí que eran amenazantes. El peligro al que se enfrentaba la iglesia era real. Tal vez, irónicamente, encontramos destellos de una espiritualidad profunda en estos grupos, igual que en la cultura dominante de la iglesia.

En la obra de Teodoto, miembro de la rama oriental del valentinianismo, encontramos una pista que apunta hacia ello. Una gran parte de su material ha sido preservado en *Excerpta ex Theodoto* de Clemente de Alejandría. En el 24:1 leemos:

> Los valentinianos dicen que el Espíritu excelente que cada uno de los profetas tenía para llevar a cabo su ministerio fue derramado en todos los miembros de la iglesia. Por lo tanto, la iglesia está llevando a cabo las señales del Espíritu (sanidades y profecía).[1]

Es un poco difícil saber exactamente qué quería decir Teodoto en este breve pasaje. Tal vez intentaba demostrar que el Espíritu que había inspirado a los profetas (del Antiguo Testamento, imagino) era el mismo que había sido derramado sobre la iglesia. Por el hecho de que en la iglesia todavía se veían profecías y sanidades (cosas que habían marcado el ministerio de los profetas), Teodoto podría estar argumentando que el Espíritu que estaba detrás de ambas era el mismo.

Por otro lado, tal vez intentaba dar una explicación de algunas características de sus propias circunstancias, como por ejemplo los dones espirituales. Podría estar diciendo que deberían ser tratados como la actividad continuada del Espíritu que había hecho milagros a través de los profetas del Antiguo Testamento.

Sin embargo, independientemente del enfoque principal de este pasaje, parece demostrar que los dones del Espíritu eran conocidos en los círculos en los que se movía Teodoto.

Para poder entender más completamente el impacto de este pasaje, tendríamos que preguntarnos a qué se refieren Teodoto y los valentinianos con «iglesia» (*ecclēsia*). Clemente no parece pensar que le dan algún significado especial. En *Excerpta* 24:1 los cita cuando utilizan la palabra dos veces, y después en *Excerpta* 24:2 él mismo utiliza la palabra sin mencionar nada de alguna posible diferencia de significado. O los valentinianos y las ramas más ortodoxas de la iglesia utilizaban «iglesia» de la misma forma, o Clemente no era consciente de la diferencia.

Sin embargo, F. Sagnard argumenta que los valentinianos sí que aplicaban un significado distintivo a la palabra «iglesia». Él dice que, para ellos, la palabra significaba la asamblea de los elegidos, o aquellos que habían sido iniciados en su conocimiento especial o gnosis. Creían que esto era diferente al resto de la iglesia no valentiniana.[2] A los ojos de un valentiniano, la «iglesia» estaba compuesta únicamente por valentinianos.

Si Sagnard tiene la razón, este pasaje tiene algunas implicaciones interesantes. Parecería decir que los dones de sanidad y profecía podían encontrarse en la comunidad valentiniana oriental en el tercer cuarto del segundo siglo. Hemos de admitir que los dones espirituales no eran un aspecto importante del gnosticismo; esta es la única vez que se hace referencia a ellos en la literatura gnóstica. Sin embargo, parece que pudieron haber estado presentes.

Los Hechos apócrifos

Ya en el tercer cuarto del primer siglo, la iglesia comenzaba a escribir sus pensamientos y registros. La primera generación de seguidores de Jesús había estado dispuesta a dejar plasmadas sus tradiciones mayoritariamente en forma oral, pero las circunstancias requerían un cambio de política. El tiempo pasaba, y el regreso del Señor se estaba demorando. Los cristianos comenzaron a darse cuenta de que, si querían conservar un registro de la vida y las palabras de su Maestro y sus primeros seguidores, tenían que escribir. Además, el crecimiento acelerado de la nueva fe hizo que fuera imposible para los líderes de la comunidad estar presentes en todo lugar para dirigir el desarrollo. Tenían que escribir. Así es como la iglesia entró en el ámbito literario, y bajo la guía del Espíritu Santo aprendió rápidamente a utilizar este medio a su favor.

Muchos de los documentos producidos por las comunidades cristianas de los primeros tres siglos tenían que ver con información acerca de Jesús y sus apóstoles. El paso del tiempo ayudó a la iglesia a darse cuenta de que algunos de los documentos que poseía tenían más valor que otros. La capacidad mayor de estos documentos para edificar, unido a la autoridad apostólica, hizo que se les diera un lugar más importante en la comunidad cristiana que a los otros. Estos escritos preferidos se convirtieron en los libros canónicos, mientras que aquellos menos favorecidos pasaron a conocerse como no canónicos o apócrifos.

Parece que uno de los libros destinados al canon, Hechos de los Apóstoles, propició la producción de otros libros: los Hechos apócrifos. Estos Hechos intentaron añadir a lo que decían los Hechos canónicos acerca de cada uno de los apóstoles, e intentaron mostrar cómo los apóstoles lucharon contra las herejías; no contra herejías presentes durante la era apostólica sino herejías que existían en el momento en que estos nuevos Hechos fueron escritos.

A medida que pasó el tiempo, estos Hechos se idealizaron cada vez más. Al leerlos, me transporto a un mundo de fantasía que me recuerda al rey Arturo y sus caballeros o Las mil y una noches. Y, por supuesto, cuanto más ficticios se hicieron estos Hechos, menos valor tenían como documentos históricos. La realidad es que no podemos aceptar como verdadero casi nada de lo que dicen; sin embargo, B. M. Metzger hace un comentario que nos impide descartar prematuramente los Hechos apócrifos. Dice:

> Sin embargo, a su manera, los apócrifos del Nuevo Testamento son documentos importantes. Es cierto que como fuentes históricas de la era de los apóstoles son insignificantes. El valor permanente de este compendio de literatura reside en el reflejo de las creencias de sus autores y los gustos de sus primeros lectores que buscaban beneficio y entretenimiento en este tipo

> de relatos. Por lo tanto, los apócrifos del Nuevo Testamento son igual de importantes que los documentos históricos porque nos dicen mucho no de la era acerca de la cual profesan tratar, sino de la era que los vio nacer. Afirman ser reportes fiables de las palabras y hechos de los apóstoles pero en realidad nos dejan ver, en nombre de los apóstoles, ciertos ideales de la vida cristiana y conceptos de la fe cristiana en el siglo segundo y en los siguientes.[3]

Cuando analizamos los apócrifos de esta manera, se convierten en un medio efectivo para entrar en la mente de los autores y sus contemporáneos y, en menor medida, en su experiencia religiosa. La importancia de los apócrifos no está en lo que dicen que ocurrió, sino en lo que los autores y lectores creían que podía ocurrir.

¿Cómo pueden ayudarnos entonces los apócrifos? Quiero investigar si estas personas tenían alguna idea de lo que eran los dones del Espíritu. Cuando buscamos, vemos que sí lo sabían. De hecho, hay varias características de sus descripciones de los héroes y sus hechos que nos recuerdan a los dones espirituales.

En primer lugar, descubrimos que hay varias ocasiones en los Hechos apócrifos en las que un apóstol recibe algún conocimiento especial. En el caso de Pablo, esto ocurre dos veces. En una de ellas, se le dice que una mujer que había llegado para tomar la cena del Señor había salido de una situación moral que la hacía indigna de participar.[4] En otra ocasión, un hombre joven había caído y murió mientras Pablo predicaba. El hombre había sido el copero de Nerón, y unos mensajeros fueron enviados de inmediato al emperador. Pablo percibió esta situación «en el espíritu».[5]

También se habla de que el apóstol Juan tuvo una experiencia de este tipo. En una ocasión, Juan pudo anunciar a una congregación lo que uno de sus miembros había hecho y pensado antes de entrar a la reunión,[6] y en otra pudo leer los pensamientos de un hombre.[7]

Estas cuatro situaciones podrían interpretarse como las acciones de un clarividente, pero el modo en que los autores las presentan apunta en otra dirección. En cada uno de estos casos, el conocimiento especial que el apóstol recibió se asociaba con el Espíritu. Lo recibieron cuando estaban «llenos del Espíritu» o estaban «en el Espíritu». Los autores parecen querer comunicar lo más claramente posible la idea de que el Espíritu Santo puede dar conocimiento. Esto parece un eco de 1 Corintios 12:8, donde se habla de la palabra de conocimiento.

La segunda clase de experiencia que veremos implica la entrega de un mensaje oral de parte de alguien después de haber estado en contacto con el Espíritu Santo. En los *Hechos de Pablo* hay al menos tres ocasiones en las que una persona es «llena del Espíritu» y después da un poderoso mensaje. En la sección 9 Pablo es lleno y anima a los hermanos;[8] en el mismo pasaje, Cleobio es lleno y habla sobre la muerte de Pablo,[9] y en la sección 11, 3 Pablo es lleno y habla con poder ante Nerón.[10]

Hay otro pasaje que presenta una variación de la misma idea:

> Pero el Espíritu descendió sobre Mirta, y ella dijo: «Hermanos, ¿por qué [se escandalizan por esta señal?] Pablo, siervo del Señor, salvará a muchos en Roma y alimentará a muchos con la palabra, tantos que será imposible (contarlos) y él (?) será manifestado entre todos los fieles y grande será la gloria [...sobre] él, para que la gracia sea derramada en Roma». Inmediatamente, cuando el Espíritu que estaba sobre Mirta hubo terminado de hablar, cada uno tomó del pan y comieron como de costumbre [...] en medio del canto de los salmos de David y de himnos.[11]

Aquí, el autor presenta a Mirta como alguien que habló estando bajo el control del Espíritu. El autor parece querer que todos estos pasajes sean considerados profecía cristiana.

Un papiro copto que contiene «El principio de la estancia en Éfeso» de *Hechos de Pablo* nos muestra lo que podríamos considerar un tercer tipo de experiencia espiritual. Leámoslo:

> El ángel del Señor entró a la casa de Aquila y se paró en medio de ellos. Habló con Pablo y todos estaban afligidos: porque [este ángel] que estaba en medio de ellos era, de hecho, visible (lit. revelado), pero (los presentes) no podían escuchar las palabras que hablaba a Pablo. Sin embargo, cuando terminó de hablar en lenguas con Pablo tuvieron temor y se llenaron de confusión, quedándose en silencio. Pero Pablo miró a los hermanos y dijo: …[12]

Deberíamos enfocarnos en las palabras «hablando en lenguas». En esta ocasión se describe a un ángel que hablaba mientras Pablo interpretaba lo que decía. Esta referencia a las lenguas, y posiblemente también a la interpretación, tiene mucho en común con lo que leemos en 1 Corintios 12-14. Es interesante ver que el mensaje en lenguas se atribuye a un ángel. Tal vez el autor había sido influenciado por la afirmación de Pablo en 1 Corintios 13:1: «Si yo hablase lenguas humanas y angélicas».

En cuarto lugar, hay varios pasajes de los Hechos apócrifos que describen confrontaciones entre varios de los apóstoles y demonios. Echaremos un vistazo a dos de ellas. El primer incidente tuvo lugar en casa de Marcelo en Roma. Allí, Pedro vio a un hombre joven y se percató de que estaba poseído por un demonio. Ordenó: «Tú también, entonces, seas el demonio que seas, en el nombre de nuestro Señor Jesucristo, sal de este hombre y no le hagas daño; (y) ¡muéstrate a todos los presentes!»[13] Atado por la autoridad del apóstol, el demonio salió del joven y procedió a destruir una estatua de mármol del emperador (eso ayudaba a los lectores a ver quién *realmente* tenía el poder en el Imperio, ¡y por supuesto que no era el emperador!)

El segundo ejemplo de este tipo de experiencia está recogido en *Hechos de Andrés*. Andrés le ordenó a un demonio que saliera de un joven soldado, y este obedeció.[14] Lo que vemos en estas dos historias son casos de exorcismo. Los apóstoles reconocieron la presencia demoníaca, reprendieron a los demonios, y después les ordenaron que salieran.

Una vez más, lo que leemos nos recuerda a los dones del Espíritu. El exorcismo no se menciona de manera explícita entre los dones paulinos, pero el discernimiento de espíritus sí. Además de esto, parece que Ireneo pensaba que debía clasificarse junto con los dones.[15]

La quinta categoría de experiencia espiritual se nos presenta en el siguiente pasaje:

> Alguien dijo: «[Es] mejor que muera, para que [no] tenga dolor». Pero cuando Pablo calló a la multitud [tomó] su mano, lo levantó y le preguntó, diciendo: «Hermócrates, [...] lo que tú quieras». Pero él dijo: «Quiero comer». (Y) tomó una rebanada y se la dio para que comiera. En ese momento se sanó.[16]

El apóstol en cuestión conocía a alguien que estaba enfermo. Como respuesta a esta situación, se provee una cura. Esto, por supuesto, es muy parecido al don de sanidad que se menciona en 1 Corintios 12:9.

El último tipo de ministerio espiritual dramático que quiero resaltar nos lleva aún más profundo al terreno de lo milagroso. En los Hechos apócrifos hay once ocasiones en las que se resucita a personas muertas.[17] Los protagonistas eran hombres, mujeres, y niños de todas las edades que habían muerto debido a una amplia variedad de causas. Es interesante ver que este tipo de milagro aparece más frecuentemente en los Hechos tardíos que en los primeros. Por ejemplo, los *Hechos de Juan* tiene muchos más relatos que los *Hechos de Pablo*. Esto debería ser evidencia de que, a medida que pasó el tiempo, la naturaleza de los Hechos se volvió cada vez más fabulosa y menos histórica.

Aquí haremos una breve anotación para recordar que la lista de Pablo no contiene referencias a la resurrección de los muertos, pero 1 Corintios 12:10 sí habla sobre milagros.

Cuando repasamos este material, nos damos cuenta de que los Hechos apócrifos hablan de eventos que hacen alusión a los dones espirituales. Hacen referencia a experiencias que van desde el discernimiento de espíritus a la resurrección de los muertos. Los autores de estos documentos eran buenos contadores de historias, y su misión era inspirar y entretener a sus lectores, llenándolos de asombro. Debieron haber tenido mucho éxito. Estas personas ni siquiera podía soñar aún con la televisión a color o con pisar la luna. ¿Se imagina el impacto que tuvieron las historias acerca de un mago volador, un perro que habla, y un león que pedía ser bautizado según la tradición cristiana? A la capacidad de contar historias le pongo un 10. A la fiabilidad histórica un 0.

Obviamente, estos documentos no nos dicen muchas cosas confiables sobre los apóstoles; sin embargo, sí que nos dicen mucho acerca de lo que estos autores y los cristianos para los que escribían se imaginaban que podría ocurrir. Lo mínimo que podemos decir es que estos cristianos tenían memoria, aunque pueda parecer difusa, de los dones del Espíritu.

Cuando nos adentramos en el gnosticismo y en el mundo de la literatura apócrifa, nos alejamos del escenario en el que desempeñaban sus funciones los obispos y los teólogos, figuras reconocidas de la iglesia primitiva. Pasamos a encontrarnos entre las personas más pequeñas e insignificantes; las masas anónimas del cristianismo: los «sin nombre» de la iglesia. Me gustaría mucho llegar a conocerlos mejor, pero la mayoría se perdieron entre las sombras. Probablemente nunca sabremos con seguridad cómo fueron sus vidas hasta que los conozcamos en el cielo.

Sin embargo, por lo que hemos visto aquí, me parece que entre ellos debió existir una mentalidad que hacía que fuera fácil aceptar el mover dramático del Espíritu a través del ministerio de los dones.

Si sumamos eso a lo que vimos sobre el montanismo, Celso, Ireneo y Eusebio, surge un cuadro interesante de la iglesia en la segunda mitad del segundo siglo. Los dones espirituales no eran algo ajeno para estos cristianos. Ellos sabían que Dios seguía obrando poderosamente entre ellos, y no hay duda de que esperaban sentir el impacto de su presencia. En gran medida, la iglesia de estas décadas seguía siendo carismática. El río espiritual seguía fluyendo, y no se detuvo ahí.

CAPÍTULO 7

De Roma

Hace varios capítulos catalogué como sofisticación lo que estaba ocurriendo en la iglesia de la segunda mitad del segundo siglo. Comenté acerca de las dificultades que había en ese periodo acerca de asuntos como la organización y la doctrina. Cuando pasamos a la primera mitad del tercer siglo, descubrimos que el proceso de sofisticación había avanzado aún más. Algunas de las batallas ya habían terminado, y ahora había un mayor grado de estabilidad en la iglesia.

En este momento ya estaba claro que el patrón estructural de obispos, ancianos y diáconos prevalecería sobre otros modelos rivales. Ya se había lidiado con el montanismo, y la iglesia del occidente del Imperio romano había enfrentado las amenazas de los marcionitas y los gnósticos. Estos grupos todavía mantendrían una fuerte presencia en el Oriente durante muchas décadas, pero el Occidente estaba a salvo. Había muchos conflictos importantes aún por resolver en la iglesia, como la cuestión del bautismo de los herejes y la controversia arriana (por nombrar solo dos de muchos), pero la iglesia se había establecido.

Las revueltas doctrinales internas y la persecución externa no podrán derribarla. Está de camino a ocupar con orgullo la posición de religión dominante del Imperio romano. El «Galileo» estaba a punto de arrasar. Todavía no lo ha hecho pero lo hará, y tal vez en este momento ya podía decirse que era inevitable. Pero, por supuesto, todo esto solo podemos decirlo desde nuestro punto de vista del futuro.

Este periodo es muy significativo para nuestro estudio. A lo largo del primer y segundo siglo, los cristianos disfrutaban de la presencia de los dones del Espíritu en su adoración, o por lo menos eso es lo que sugiere la evidencia que hemos analizado. Sin embargo, a partir del 260 d. C. la evidencia de la presencia de los dones espirituales es inexistente. Pareciera que para entonces habían dejado de ser parte de la experiencia diaria de los cristianos de la época. Eso significa que el espacio de tiempo cerca de los años 200 a 260 es un periodo de transición por lo que se refiere a los dones del Espíritu.

La iglesia sufrió muchos cambios durante sus primeros dos siglos y medio de vida. Por supuesto que ha habido otros momentos de cambios traumáticos, pero lo que ocurrió en ese punto parece haber sido especialmente dramático. La comunidad cristiana creció en tamaño de modo impresionante, se hizo cada vez más rica, subió los peldaños de la escalera social, su nivel de educación aumentó, desarrolló su organización, y formalizó su adoración. Mientras ocurría todo esto, los dones del Espíritu se desvanecieron en silencio. Tal vez nadie se dio cuenta de lo que estaba pasando, y por supuesto que nadie estaba lo suficientemente preocupado por ello como para intentar detenerlo. Los dones sencillamente desaparecieron. Este momento crucial tuvo lugar durante la primera parte del tercer siglo.[1]

La evidencia sugiere que los dones seguían existiendo, pero no hay duda de que su importancia estaba disminuyendo y las actitudes hacia ellos estaban cambiando. En este capítulo examinaremos material que nos llega desde Roma. Dos autores de allí nos darán información relevante, y es interesante que estas dos personas pasaron largos periodos de tiempo fuera de la iglesia por razones ajenas a sus intereses carismáticos. De hecho, una de ellas podría haber muerto fuera del cuidado de la madre iglesia.

Hipólito

El primero de estos hombres era el apasionado Hipólito. Tenía una de las mentes más brillantes de la iglesia en ese momento, pero escribía en griego. Cuando el latín pasó a ser el protagonista entre los cristianos romanos alrededor de la mitad del tercer siglo, la gente dejó de leer sus obras y él cayó en el anonimato. Sin embargo, seguramente hubo otras razones por las que los líderes lo ignoraron.

Cuando Calixto se convirtió en obispo de Roma alrededor del 217, Hipólito se distanció de él y oponiéndose, se nombró a sí mismo obispo de Roma. Los asuntos que los dividían parecían tener que ver con sus creencias sobre Cristo y los estándares morales por los cuales pensaban que debían vivir los cristianos. Por medio de los comentarios que hizo cobre Calixto, Hipólito demostró la triste capacidad de odiar a alguien y vengarse.[2]

Los datos que quiero que analicemos se encuentran en *La tradición apostólica*, un documento que tradicionalmente se ha considerado obra de Hipólito (en mi opinión, esta afirmación es correcta). Lo escribió seguramente alrededor del 215 d. C. antes de desertar de la iglesia. No tenemos razón para dudar que es un fiel reflejo de lo que se hacía en las iglesias romanas de la segunda mitad del segundo siglo. Gregory Dix va más allá y dice que una gran parte de su contenido «representa la mentalidad y la práctica no solo de San Hipólito sino también de la totalidad de la iglesia católica del segundo siglo».[3] Esta opinión probablemente sea un poco exagerada, pero es un comentario interesante acerca de la importancia del documento.

Un ensayo reciente de John Stam analiza *La tradición apostólica* desde un punto de vista muy poco utilizado.[4] Stam resalta la naturaleza carismática del documento, y señala el papel que el Espíritu juega en la elección de obispos y presbíteros, a la vez que dirige la atención hacia el ministerio inspirado por el Espíritu de los laicos. Sus comentarios son válidos y apropiados, pero podría haber ido más allá. Específicamente, podría haber profundizado más en dos pasajes concretos, utilizándolos para reforzar su punto principal.

Quisiera anotar, de pasada, que es sorprendente encontrarse con estas dos piezas de información carismática. Por el contexto en el que están, son inesperadas. La iglesia de la que habla *La tradición apostólica* está muy estructurada. La sección 2:1-15:1 se centra en un debate acerca del clero. Se especifican los diferentes niveles de la jerarquía y se nos habla de los métodos apropiados de ordenación y nombramiento de cada uno. En 16:1-23:14 se habla de los nuevos miembros, y se mencionan detalles acerca del reconocimiento que se debía hacer antes de que alguien fuera aceptado como aprendiz; comenta acerca del tiempo que una persona debía estudiar antes de poder bautizarse, y sienta las bases del bautismo y la confirmación. Finalmente, 24:1-38:1 se ocupa de cosas como la práctica del ayuno, el protocolo a seguir en las comidas de convivencia de las iglesias, y los tiempos de oración. La impresión general que recibo cuando leo este documento es que la comunidad cristiana de la que nace era un organismo cuidadosamente controlado. Aun así, a pesar de la estructura y la reglamentación hay evidencia de que estos cristianos estaban familiarizados con el mover del Espíritu.

La primera sección que quiero que analicemos es la 15:1: «si algún laico parece haber recibido un don de sanidad por revelación, no se deben imponer manos sobre él porque el asunto es manifiesto».[5]

Hay algunos detalles de este pasaje que vale la pena analizar. Primeramente, habla sobre alguien que recibe el don de sanidad, y parece bastante obvio que lo que Hipólito tenía en mente es probablemente lo mismo de lo que habló Pablo en 1 Corintios 12:8 y 28. En segundo lugar, el hecho de que esta persona hubiera recibido este don se anuncia por «revelación», lo cual parece ser algo similar a la «palabra de conocimiento» de Pablo (1 Corintios 12:8). El consejo de Hipólito es sabio. Dijo: «Esperen y vean». Si la revelación y el don de sanidad eran genuinos, todos lo sabrían.

Este extracto es muy importante para nuestro estudio. Hipólito realmente parece haber pensado que alguien podría recibir una revelación o un don de sanidad. Lo mínimo que podemos afirmar es que él creía que esto era una posibilidad, ya que de lo contrario no tendría sentido que hubiera hablado de ello. Sin embargo, es posible que podamos ir un poco más allá. Tal vez Hipólito sabía que era bastante común que las personas recibieran estos dones, y solo estaba dando algunos consejos para trazar unas líneas de actuación generales.

El segundo pasaje que analizaremos es 35:3. Dice:

> Si viniera algún maestro especialmente dotado, que ninguno de ustedes tarde mucho en acudir al lugar en el que se imparta la instrucción, ya que al orador le será dada gracia para expresar cosas que sean provechosas para todos, y escucharán cosas nuevas, y todo lo que el Espíritu Santo les dé a través del instructor les será provechoso; para que su fe sea fortalecida mediante lo que escuchen y aprendan cuáles son sus tareas en casa; por lo tanto, que todos tengan celo por ir a la iglesia, el lugar en el que abunda el Espíritu.[6]

Tras la primera lectura, Hipólito parece cualquier predicador que intenta convencer a la gente para que vayan a la iglesia. Sin embargo, si leemos cuidadosamente el texto, nos daremos cuenta de que es mucho más profundo que eso; aquí hay influencia carismática.

Observemos que el mensaje del orador *le será dado*; vendrá de parte del Espíritu Santo. Segundo, lo que el maestro diga será «provechoso para todos». Finalmente, todo esto ocurrirá en la «iglesia», la reunión de los creyentes. El paralelismo entre estas palabras y el material que encontramos en 1 Corintios 12 es asombroso. Allí vemos que Dios es responsable del ministerio de los dones, que los dones edificarán a todos, y que ocurre cuando los cristianos se juntan. Esto me hace pensar que Hipólito no está hablando de una rutina típica de predicación, sino que parece estar describiendo el ministerio de un profeta cristiano.[7]

También me gustaría hacer énfasis en el modo en que Hipólito habla de la iglesia, ya que se refiere a ella como «el lugar en el que abunda el Espíritu». Dix señala que la versión sahídica de *La tradición apostólica* lo resalta todavía más. Dice que la iglesia es el lugar en el que el Espíritu «se manifiesta».[8] De cualquiera de las maneras, Hipólito esperaba encontrarse con Dios cuando iba a la iglesia y tenía la mentalidad de que, al menos a veces, la presencia divina se mostraría a través de manifestaciones dramáticas de los dones del Espíritu.

Estos pasajes me impresionan. Cuando los uno a las observaciones de Stam, mi mentalidad acerca de las iglesias en Roma de alrededor del año 200 d. C. se amplía. La iglesia no solo tenía una estructura sólida, sino que también estaba familiarizada con los dones del Espíritu.

Novaciano

Para poder consultar con la siguiente persona que nos dará información acerca de los dones del Espíritu en Roma, tenemos que adentrarnos en el tercer siglo hasta encontrarnos con Novaciano. Él era un anciano destacado de la comunidad cristiana y, de hecho, en tres ocasiones fue elegido para escribir cartas importantes en nombre de todos los ancianos de las iglesias en Roma.

Sin embargo, al igual que Hipólito, se encontró con dificultades con la «institución». Cuando Cornelio, que se convirtió en obispo de Roma en el año 251 d. C., fue elegido en su lugar, Novaciano se nombró a sí mismo obispo de Roma. Esto, entre otras cosas, hizo que fuera excomulgado en el mismo año en el que Cornelio asumió el cargo. Después de esto, su reputación se vio gravemente afectada ante los ojos de la mayoría que permaneció fiel a Cornelio, y muy poco tiempo después los registros que tenemos de él se desvanecieron.

Sin embargo, a pesar de eso, siguió ocupando un lugar entre los teólogos de la iglesia, el cual se ganó casi en su totalidad gracias a uno de sus libros: *De la Trinidad*. Este estudio apareció alrededor del año 240 d. C. y es, de hecho, la primera gran obra teológica escrita en Roma en latín. Salió cuando Novaciano era aún un miembro ilustre y respetado de la iglesia romana.

Como sugiere el título, *De la Trinidad* trata sobre la Trinidad, pero Novaciano no dedica la misma extensión a los tres miembros. Su exposición acerca del Espíritu Santo es escasa si la comparamos con la del Padre y el Hijo. Casi todo lo relativo al Espíritu está en el capítulo 29. Nos enfocaremos en este capítulo porque creo que da bastantes pistas generales acerca de la experiencia religiosa de los cristianos romanos de la mitad del siglo tercero. Específicamente, sugeriría que hay información que probaría que los dones espirituales estaban presentes en la iglesia de Novaciano. Examinaremos este material en dos pasos: primero echaremos un vistazo a lo que dice Novaciano sobre el tema, y después estudiaremos el contexto en el que lo dice.

Cuando leemos el capítulo 29 nos damos cuenta de que Novaciano hace referencia a profecías sobre el Espíritu Santo tanto del Antiguo como del Nuevo Testamento. Cita pasajes del Evangelio de Juan, capítulos 14, 15 y 16, lo cual parece conducirlo a un debate acerca de la importancia del Espíritu Santo para las vidas de los cristianos de primera generación. Esto, a su vez, lo lleva hasta los dones espirituales. Dice:

> Él es el que nombra profetas en la iglesia, instruye a los maestros, dirige las lenguas, se mueve con poder y sanidad, hace obras extraordinarias, posibilita el discernimiento de espíritus, estructura la administración en la iglesia, establece planes, junta y distribuye todos los demás dones carismáticos, y por todo ello hace que la Iglesia de Dios sea perfecta en todo y en todos lados.[9]

Me gustaría hacer algunas observaciones acerca de este pasaje. En primer lugar, Novaciano habla de dones «carismáticos». Creo que podemos suponer que los dones a los que se refiere son muy similares a los que nombró Pablo en Romanos 12 y 1 Corintios 12.

En segundo lugar, él pensaba que eran importantes. De hecho, los sitúa en un lugar muy importante y dice que juegan un papel vital en el perfeccionamiento de la iglesia. No son pequeños amuletos que Dios les da a las personas para que se sientan bien consigo mismas, y tampoco son características vergonzosas de cristianos cuya estabilidad emocional es cuestionable. Todo lo contrario; Novaciano parece pensar que son esenciales para el desarrollo correcto de la iglesia. No creo que sea una exageración decir que Novaciano dudaba que la iglesia pudiera crecer como Dios quería que lo hiciera si los dones no estuvieran activos.

En tercer lugar, y más significativo para este estudio, este pasaje nos hace pensar que Novaciano estaba familiarizado con los dones del Espíritu. La forma en la que habla del Espíritu es lo que me lleva a pensar así, ya que lo presenta como aquel que *nombra* profetas, *instruye* a los maestros, *dirige* las lenguas, etc.; todos los verbos están en tiempo presente. Por supuesto que podrían ser simplemente ejemplos del «presente extendido», que no se refiere exclusivamente al tiempo presente, pero no podemos descartar la posibilidad de que Novaciano estuviera, de hecho, hablando de la iglesia de su tiempo. En ese caso, serían pruebas de la presencia continuada de los dones del Espíritu entre los cristianos en Roma en la mitad del siglo tercero.

La influencia de Pablo es evidente en lo que dice Novaciano acerca de los dones espirituales. Esto se ve claramente al comparar los dones que enumera Novaciano con los que aparecen en 1 Corintios 12:8-10 y Romanos 12:6-8. Todos los dones que menciona Novaciano tienen un equivalente en alguna de las dos listas de Pablo. Además, las siguientes palabras de Novaciano podrían considerarse un eco paulino: «Lo que es seguro es que hay diferentes tipos de tareas en el Espíritu»,[10] porque son muy similares a las que dijo Pablo: «hay diversidad de dones… ministerios… operaciones» (1 Corintios 12:4-6).

Está bastante claro que, a través de sus escritos, Pablo había enseñado a Novaciano cómo hablar acerca de los dones del Espíritu.

De hecho, este contacto estrecho entre el modo que tienen Pablo y Novaciano de hablar de los dones del Espíritu plantea una pregunta que es importante que nos hagamos. ¿Acaso no es posible que Novaciano estuviera citando una parte del material tradicional para apoyar su punto? Tal vez este pasaje no dice nada en absoluto acerca de lo que estaba ocurriendo realmente en las iglesias en Roma. Debemos admitir que esto podría ser cierto, pero yo creo que el contexto nos apunta en otra dirección. Demos nuestro segundo paso.

El pasaje concreto que estamos analizando aparece en la parte del capítulo 29 de *De la Trinidad* en la que Novaciano está hablando de las maneras en que el Espíritu Santo actúa.[11] Hace referencia a los dones espirituales, y después deja ese tema para hablar de la vida cristiana en general. Dice que el Espíritu Santo es:

> aquel que hace posible el segundo nacimiento de agua… que puede transformarnos para ser el templo de Dios y hacernos su hogar, quien intercede por nosotros ante Dios con gemidos indecibles, cumpliendo las tareas de un abogado y llevando a cabo el oficio de defensor, habiéndonos sido dado como habitante de nuestro cuerpo y aquel que procura nuestra santidad.[12]

Novaciano piensa que el Espíritu Santo está activo tanto al inicio de la vida cristiana de un individuo como a lo largo de ella. Creo que podemos suponer que pensaba que el Espíritu estaba haciendo eso en el presente, y estoy seguro de que quería que supiéramos que las personas estaban recibiendo los beneficios del bautismo y siendo guiadas a una relación con Dios en sus época.

Más adelante en el capítulo comienza a hablar de la santidad a la que se acababa de referir, y explica lo que ha dicho. Analizando la obra del Espíritu Santo desde otro ángulo, Novaciano dice:

> Este es el que tiene deseos contrarios a su carne porque la carne lucha contra él. Es el que nos ayuda a controlar los deseos pasionales e insaciables, rompe la lujuria desenfrenada, apaga la pasión indebida, conquista los impulsos extremos, aparta la embriaguez, destierra la avaricia, evita los deleites depravados… y echa fuera lo impuro.[13]

Parece que Novaciano había visto un grado más alto de conducta moral en los cristianos que en los no cristianos, y piensa que la explicación de eso se encuentra en la obra del Espíritu Santo. Para él, el Espíritu Santo no solo mejora nuestra moralidad, sino que también «promueve el amor» y «desarrolla la buena voluntad».[14] En otras palabras, Él construye relaciones entre las personas.

Si miramos más allá, veremos que Novaciano se enfocaba en asuntos doctrinales. Vivía en un tiempo en el que muchos cristianos estaban llegando a un consenso en cuanto a las opiniones sobre la doctrina. Novaciano estaba viendo la mano del Espíritu Santo en el proceso de la consolidación doctrinal, y nos dice que el Espíritu «ahuyenta las sectas, prepara el reinado de la verdad, y refuta a los herejes»,[15] y que «mantiene a la iglesia pura e intacta por medio de la santidad de la virginidad ininterrumpida y la verdad».[16] Así que en esto también estaba obrando el Espíritu Santo.

Al revisar *De la Trinidad,* 29, nos damos cuenta de que Novaciano pensaba que el Espíritu estaba muy activo en su época. En el primer caso, no está analizando algo que había ocurrido en algún periodo anterior de la historia; se refería a lo que estaba ocurriendo en su época.

Con esto podemos concluir nuestro análisis sobre Novaciano. En el capítulo 29 de *De la Trinidad*, él señala varias áreas en las que cree que el Espíritu Santo está obrando. Hace referencia a la unidad doctrinal, la santidad, la oración, el bautismo, y los dones espirituales. No hay diferencia aparente en la manera en que habla sobre lo que el Espíritu hace en estas áreas; dice que lo que ocurre en todas ellas corresponde a la obra del Espíritu. Si podemos aceptar que cualquiera de estas cosas estaba ocurriendo en la iglesia de los tiempos de Novaciano, tenemos razón para pensar que se producían todas ellas. Sabemos con seguridad que había personas siendo bautizadas, y que los cristianos avanzaban hacia la unidad doctrinal. Además, es probable que hubiera personas cuya moral había mejorado como resultado de haberse convertido en cristianos. Por lo tanto, es más que posible que los dones espirituales se encontraran activos también en la iglesia de Novaciano y que *De la Trinidad*, 29 ofrezca evidencia de que los dones del Espíritu seguían activos entre los cristianos en Roma alrededor del año 250 d. C.

La imagen que comienza a formarse de los cristianos en Roma de la mitad del tercer siglo es interesante. Los creyentes de ese lugar adoraban en una comunidad bastante organizada bajo el liderazgo de una jerarquía claramente definida. Habían dado muchos pasos para regularizar sus vidas cristianas, y la grande y poderosa Iglesia Católica Romana se vislumbraba en el horizonte. En medio de todo este crecimiento en forma y estructura, nos topamos con pruebas que nos llevan a concluir que la adoración espontánea todavía seguía existiendo. Seguramente, estos cristianos estaban bastante familiarizados con el ministerio de los dones espirituales, y Roma no era el único lugar en el que sucedía eso mismo.

CAPÍTULO 8

De Cartago

Siguiendo con nuestro estudio de los dones del Espíritu en la iglesia primitiva del tercer siglo, apartamos nuestra atención de Roma cruzando el mar Mediterráneo, para ponerla en su antiguo rival. Es necesario que escuchemos lo que tienen que decir dos cartaginenses, que ocupan lugares muy diferentes en la historia de la iglesia. La relación de uno con la madre iglesia ha sido inestable desde sus días hasta los nuestros, mientras que el otro dijo la famosa frase: «No se puede tener a Dios como Padre si no se tiene a la iglesia como madre». Me refiero, por supuesto, a Tertuliano y Cipriano.

Sus escritos nos dibujan un cuadro extremadamente gráfico de la vida entre los cristianos del norte de África a principios del tercer siglo. Cuando los leemos, nos vemos envueltos en las luchas, tensiones, victorias, derrotas, heroísmo y cobardía que empapan sus palabras. Lo que ocurre ante nuestros ojos es un drama en toda regla.

La literatura también arroja luz sobre la espiritualidad de estos dos hombres y sus contemporáneos. Encontramos referencias a lo que ocurría en la vida devocional no solo de los cristianos importantes y reconocidos sino también de los anónimos y «comunes y corrientes».

Una conclusión a la que llegamos tiene que ver con los dones del Espíritu. La iglesia de este periodo y esta zona no era ajena al mover drástico del Espíritu, y tanto Tertuliano como Cipriano pueden darnos información relevante. Comencemos con Tertuliano.

Tertuliano

Con respecto a Tertuliano, nos encontramos ante «l'enfant terrible» de la iglesia primitiva. En un tiempo en el que muchos autores cristianos se expresaban con profunda pasión, llenos de sesgos y sobriedad, Tertuliano los superó a todos. Su obra está llena de ironía, sarcasmo, y burlas. Escribió con intensidad, ¡como un tiburón asesino caza sus presas!

Por muy devastador que fuera en sus debates, su obra también tiene destellos doctrinales brillantes (a la iglesia le costó más de un siglo entender su modo de pensar). A lo largo del texto acuña expresiones como «trinidad», creando un vocabulario teológico que aún usamos hasta la fecha. Tenía la capacidad de elaborar formas de hablar sobre la Trinidad y las naturalezas de Cristo con relativamente poco esfuerzo.

Tertuliano destaca (de modo exuberante) por encima de sus escritos, a pesar de que sabemos muy pocos detalles sobre su vida. La mayoría de las cosas que creíamos saber a raíz de lo que comenta de él Jerónimo en su libro *Sobre hombres famosos* han sido refutadas por T. D. Barnes.[1]

Sin embargo, hay algunos comentarios importantes que podemos hacer. Sabemos que escribió activamente durante veinte años, comenzando alrededor del 197 d. C. También sabemos que en algún punto de su carrera se cruzó con los montanistas, y desde alrededor del 207 d. C. en adelante vemos un número creciente de referencias a los primeros líderes del montanismo: Montano, Maximilia y Prisca, a la vez que vemos a Tertuliano tomando prestado del vocabulario montanista. Sin embargo, creo que hay muchos factores que sugieren que tengamos cuidado con suponer que Tertuliano se entregó por completo al montanismo en el 207 o en cualquier otro momento,[2] pero no podemos entrar en ese tema ahora.

Habiendo hecho estos comentarios sobre la vida de Tertuliano, podemos adentrarnos en sus escritos. Su obra contiene más referencias y alusiones a los dones del Espíritu que cualquier otra que hayamos podido encontrar de cualquier otro de los primeros autores cristianos. También le tenía más cariño a los dones que muchos otros autores que hablaban sobre ellos; de hecho, vemos que menciona los dones en seis lugares diferentes de sus escritos.

El primero de los que veremos es de su obra de cinco volúmenes *Contra Marción*. Aquí, Tertuliano ha apuntado sus armas hacia un archienemigo de la iglesia y dispara sin miramiento, utilizando argumentos que en ocasiones son extremadamente personales.

Sin desviarnos demasiado del objetivo principal de este estudio, deberíamos detenernos y hablar un poco sobre las enseñanzas de Marción. Entre otras cosas, él creía que había dos dioses; el dios bueno y supremo que se reveló a través de Jesús y de quien Pablo era apóstol fiel, y el dios creador malvado que se revela a nosotros a través del Antiguo Testamento. Tertuliano rechazó esta idea por completo.

En el quinto libro de su obra se dispuso a demostrar que el Dios al que Pablo servía era, efectivamente, nada más y nada menos que el Creador, el Dios del Antiguo Testamento. Para ello utilizó material extraído de las epístolas de Pablo y, al hacerlo, se adentró en terreno de Marción, ya que la «Biblia» de Marción estaba compuesta únicamente por el Evangelio de Lucas (cuidadosamente editado) y diez de las epístolas de Pablo.

En el capítulo 8 del libro 5, Tertuliano hace referencia a esa parte de 1 Corintios que habla sobre los dones del Espíritu, y es en esta sección en la que cree que tiene las armas para hundir a Marción de una vez por todas. Este es un combate decisivo. A un lado Marción, que acepta lo que Pablo dice sobre los dones, espera nervioso sobre su caballo de guerra. Al otro Tertuliano, sereno gracias a la convicción de que lo que Pablo habló sobre los dones espirituales es el cumplimiento de las profecías del Antiguo Testamento. Cuando caiga el telón, ¿quién saldrá victorioso? Para Tertuliano, la respuesta es sencilla: aquel que pueda hacer una demostración de los dones.

Tertuliano lanza un reto: «Que muestre Marción, entonces, alguna prueba de los dones de su dios».[3] Quiere oír una verdadera profecía, un salmo, una oración eufórica, interpretación de lenguas, o tal vez que describa alguna visión. Eso sería una prueba que demostraría la validez de la postura de Marción.

Continúa diciendo: «Si yo tengo pruebas más contundentes de estos dones… el apóstol pertenecerá a mi Dios». Y con eso concluye sus argumentos. El punto que quiero enfatizar es sencillo: todo el argumento de Tertuliano sería echado por tierra si los dones del Espíritu no estuvieran presentes en el grupo al que pertenecía. Si eso fuera así, estaría actuando de modo irracional, y la vergüenza sería tremenda si alguien lo descubriera. No me imagino a Tertuliano poniéndose a sí mismo en esa posición. Creo que esto es una prueba contundente de que algunos de los cristianos de Cartago estaban muy familiarizados con el ministerio de los dones espirituales.

El segundo pasaje de la obra de Tertuliano que analizaremos nos da la misma impresión. En su ensayo titulado *Sobre el alma*, intenta abrir un delicado debate acerca de esa parte del hombre. Señala que, a diferencia de los filósofos seculares, lo que él podía aprender sobre el alma no se limita únicamente a la razón. Lo que él ha aprendido de esa forma ha sido complementado por la información obtenida mediante revelación divina. Afirma que en su grupo estaba la virtud del don de profecía, a través del cual a una mujer le había sido dado mucho conocimiento acerca de la naturaleza humana.[4]

Lo que más me interesa no es esta alusión a la profecía, aunque es significativa en sí misma. Los argumentos por los que Tertuliano creía que su comunidad había recibido la capacidad de profetizar me parecen más importantes. Él dice que había ocurrido porque «reconocemos los dones espirituales».[5] La profecía era posible porque ellos creían que los dones espirituales eran importantes y se manifestaban en la iglesia. Un poco más tarde da a entender que nadie debería sorprenderse por eso, ya que es exactamente así como el apóstol Pablo había dicho que sería.[6]

De nuevo, Tertuliano y el grupo cristiano al que pertenecía resaltan por el valor que daban a los dones del Espíritu.

El tercer pasaje es muy similar al que acabamos de analizar, ya que hace la misma declaración aunque en un contexto diferente, y tiene el mismo impacto. En el proceso de abrir el debate acerca de su posición sobre el matrimonio, Tertuliano se describe a sí mismo y a sus amigos como aquellos «cuyo reconocimiento de los dones espirituales les da el derecho de ser llamados espirituales».[7] De nuevo, la afirmación de que valoran los dones del Espíritu es sumamente importante.

En cuarto lugar, analizaremos un pasaje de *La pasión (o El martirio) de Perpetua y Felicidad.* Estas dos jóvenes murieron por su fe de modo heroico en Cartago en el 202 d. C. Parece probable que Tertuliano fuera el editor de esta obra y que escribiera varios de sus capítulos.[8]

El material en el que estamos interesados se encuentra muy cerca del principio. Dice así:

> Por eso nosotros, que aceptamos y honramos como igualmente prometidas las profecías y las nuevas visiones, ponemos también las otras manifestaciones del Espíritu Santo entre los documentos de la iglesia, a la que el mismo Espíritu fue enviado para distribuir todos sus carismas en la medida en que el Señor los distribuye a cada uno de nosotros.[9]

Hay varios puntos que surgen de aquí y que quiero resaltar. En primer lugar, observemos que Tertuliano sitúa la profecía y las nuevas visiones en el mismo plano. La primera expresión se refiere probablemente a las profecías del Antiguo Testamento, mientras que la segunda debería ser entendida, seguramente, como lo que ha venido de los montanistas. Si esto es cierto, Tertuliano las había equiparado. Todo esto sugiere que Tertuliano respetaba en gran manera los oráculos de Montano, Maximiliano y Prisca.

En segundo lugar, observamos que se nos dice que tanto el Espíritu como el Señor dan esos dones. Esto va en paralelo con lo que encontramos en 1 Corintios 12:4-6. En ambos pasajes se asocia a más de una persona divina con los dones.

En tercer lugar, es interesante detenerse a analizar la palabra que he traducido como «carismas». Es *donativum*, y se usa en otros lugares para referirse a un regalo dado por un emperador. Hace referencia a regalos extraordinarios e incluso lujosos que no se ven todos los días. Tertuliano apreciaba en gran manera lo que el Espíritu estaba dando a la iglesia.

El último pasaje de la obra de Tertuliano que analizaremos es *Sobre el bautismo*, 20:5:

> Por lo tanto, benditos son los que esperan en la gracia de Dios cuando salen de aquella agua sagrada que trae un nuevo nacimiento y por primera vez levantan las manos con su madre, la iglesia, y con sus hermanos y le piden al Señor que les haga sujetos a las riquezas de la gracia y la distribución de los dones.[10]

La frase que quiero resaltar es «la distribución de los dones». A la luz de lo que hemos analizado sobre las creencias de Tertuliano en cuanto a los dones, está bastante claro que, en este caso, habla de los dones del Espíritu. Si eso es cierto, Tertuliano está animando a los miembros de la iglesia que han sido bautizados recientemente a que pidan dones espirituales y crean que los recibirán. Parece pensar que esto es parte de la experiencia cristiana normal.

Habiendo observado detenidamente varios pasajes de los escritos de Tertuliano, podemos extraer algunas conclusiones acerca del lugar que ocupaban los dones el Espíritu tanto en la vida como en el pensamiento de Tertuliano mismo y en la experiencia de otros cristianos cartaginenses.

Primero, es revelador pensar en las fechas en que fueron escritas las obras que hacen referencia a los dones del Espíritu. *Sobre el bautismo* y *El martirio de Perpetua y Felicidad* aparecieron temprano en la carrera de Tertuliano, *Contra Marción* y *Sobre el alma* surgieron a la mitad aproximadamente, y *Sobre la monogamia* cerca del final. La deducción que quiero hacer de esto es bastante sencilla. Los dones del Espíritu no fueron una moda pasajera en el pensamiento de Tertuliano, ni tampoco fueron algo novedoso que salió de la nada al final de su vida. Él los conocía a lo largo de toda su carrera literaria, y el aprecio que les tenía nunca fluctuó.

Todo esto nos ha abierto las puertas a unos hechos interesantes acerca del cristianismo cartaginés en general. Tertuliano afirma que los cristianos que acababan de ser bautizados debían creer que recibirían los dones del Espíritu en la iglesia (*Sobre el bautismo,* 20, 5), y habla sobre los dones con aprobación y cariño (*El martirio de Perpetua y Felicidad,* 1). Además, en dos ocasiones afirma claramente que el grupo cristiano al que pertenecía reconocía que los dones espirituales eran válidos (*Sobre el alma,* 9, 3 y *Sobre la monogamia,* 1, 2), y una vez insinúa con claridad que los dones pueden encontrarse fácilmente en la iglesia a la que pertenecía (*Contra Marción*, 5, 8:12).

El punto realmente significativo es que, entre el momento en que escribió las dos primeras obras que han sido mencionadas y el que publicó las tres últimas, se supone que había cambiado su lealtad: abandonó el catolicismo para unirse al montanismo. Sin embargo, es evidente que hubo pocos cambios en su manera de pensar acerca de los dones del Espíritu. ¿Significa eso que tanto los católicos como los montanistas de Cartago en el principio del tercer siglo estaban familiarizados con los dones? Si es cierto que Tertuliano cambió de un grupo a otro, creo que la respuesta es sí. Sin embargo, hay otras posibilidades. Tal vez estos dos grupos no estaban tan enfrentados como solemos pensar, o tal vez la división en la iglesia de Cartago no fue tan profunda como parece a primera vista.

Cipriano

Dejando a Tertuliano, dirijamos nuestra atención al famoso obispo Cipriano. Las vidas de estos dos hombres pudieron haberse solapado durante una década más o menos, y no hay duda de que la teología de Tertuliano influenció a Cipriano. Sin embargo, hay diferencias reales entre los roles que ambos desempeñaron en su iglesia. Los dos se vieron en el ojo del huracán en repetidas ocasiones, pero Tertuliano estaba ahí por instigar problemas mientras que Cipriano solía intentar calmar situaciones explosivas y controlar las cosas.

Antes de hacerse cristiano, Cipriano parece haber asegurado su reputación en Cartago. Por lo visto enseñaba retórica y tenía bastantes propiedades.

Parece haberse convertido en cristiano cerca del 245 d. C., y en cuestión de cuatro años estaba al frente de la iglesia en Cartago como obispo. Durante una década guio a su iglesia en medio de incontables situaciones turbulentas, y finalmente selló sus esfuerzos con su sangre. Fue decapitado por su fe en el 258 d. C.

Cipriano es más conocido por sus pensamientos sobre la iglesia y el papel del obispo en ella. Sus ideas sobre estos temas han sido influyentes hasta la fecha, pero no surgieron tras un largo periodo de incubación. Todo lo contrario; tomaron forma durante un tiempo de agitada controversia. Cipriano se vio forzado a posicionarse en temas tan problemáticos como qué hacer con quienes habían negado a Cristo durante la persecución, y cómo manejar a quienes habían sido bautizados por herejes y ahora querían unirse a la iglesia católica. La mayoría de sus creencias fueron fundamentales para dar forma a la teoría católica acerca de la iglesia.

A la luz de esto, me parece fascinante que Cipriano estuviera «también entre los profetas». Este hombre, como obispo con mucho poder, estaba en el nivel más alto de gobierno de la iglesia. Lo llamaban «Papa» igual que al obispo de Roma y a algún otro, y aun así tenía mucho interés en la intervención directa de Dios en los asuntos humanos a través de los dones del Espíritu. Hacía espacio para acercarse a Dios de modo espontáneo en medio de su ocupada vida como líder de una diócesis importante. Varios académicos modernos han tomado nota de este aspecto de Cipriano,[11] pero nadie lo ha resaltado mejor que Adolf von Harnack. Este hombre reunió pruebas irrefutables que apoyaban que a Cipriano le importaban mucho las cosas que tenían que ver con el Espíritu.[12]

Lo que es interesante es que el gran obispo cartaginés no parece haber sido el único en el norte de África que estaba familiarizado con el mover dramático de Dios. Sus escritos indican que había otros que estaban experimentando las mismas cosas que él. Echemos un vistazo a varios pasajes de esos escritos.

En primer lugar, nos enfocaremos en Cipriano mismo. Los estudiantes modernos de historia no son los únicos que lo han visto como un profeta; sus contemporáneos también lo hicieron. Esto aparece en una carta que varios creyentes que estaban sufriendo bajo la persecución valeriana escribieron a Cipriano. En la carta dicen:

> Pues mediante sus palabras nos ha hablado de las cosas de las que menos nos habían enseñado y nos ha fortalecido para resistir en medio del sufrimiento que estamos experimentando, estando seguros de la recompensa celestial, la corona de los mártires, y el reino de Dios como resultado de la profecía que usted, estando lleno del Espíritu Santo, nos escribió en su carta.[13]

Ya sea que estuvieran o no en lo correcto, estos cristianos pensaban que lo que Cipriano les había escrito era profecía.

Harnack argumenta que Cipriano estaba de acuerdo con ellos, por lo menos en algunos casos. Dice que, cuando Cipriano afirma que uno de sus ensayos, *El beneficio de la paciencia*, fue escrito con la ayuda dada «por el Señor, que posibilita e inspira», estaba afirmando que Cristo había autorizado sus palabras.[14]

En segundo lugar, permítame señalar que Cipriano a veces hacía referencias a experiencias espirituales especiales que había tenido para añadir peso a sus palabras. *Carta 66* es un ejemplo de esto. En ella, se defiende a sí mismo del ataque de Florencio Pupiano. Parece que Florencio había puesto en duda el lugar de Cipriano en la iglesia católica. En respuesta a ello Cipriano, con un estilo literario que en muchas ocasiones es ferozmente sarcástico, presenta varios factores que apoyan que él es digno de ser obispo de la iglesia. Advierte a Florencio que se arrepienta y que intente restaurar su relación, y para dar mayor énfasis a sus palabras, dice:

> Pues recuerdo lo que ya se me ha manifestado, mejor aún, lo que la autoridad del Señor Dios mandó a su siervo dócil y temeroso. Entre otras cosas que se dignó mostrar y revelar el Señor, añadió también esto: «El que no cree, pues, en Cristo, que es quien hace al sacerdote, tendrá que creer después cuando vengue al sacerdote». Aunque ya sé que a algunos —precisamente a aquellos que prefieren creer contra el sacerdote antes que creer al sacerdote— los sueños les parecen ridículos y las visiones, necedades.[15]

Aquí, para respaldar su argumento, Cipriano hace referencia a un mensaje que dice haberle sido dado por Dios a través de una revelación especial.

No hay duda de que Cipriano estaba seguro de que lo que le había ocurrido era válido. Sin embargo, la última frase del pasaje indica que no todos estaban de acuerdo con él. Tiene que admitir que algunos pensaban que los sueños eran «ridículos» y «las visiones, necedades». Las actitudes hacia las manifestaciones espirituales estaban cambiando. Hasta este punto, lo que hemos leído acerca de los dones en la literatura cristiana temprana ha sido favorable. La iglesia reaccionó con firmeza al movimiento montanista, pero ni siquiera en ese caso nos topamos con nada que sugiera que los dones en sí estaban siendo puestos en duda. Aquí sí. Ahora ya había escépticos en la iglesia, y está claro que los tiempos habían cambiado.

El siguiente material relevante que podemos consultar es del ensayo de Cipriano *Sobre la mortalidad*. Por supuesto que entre los cristianos del norte de África había escépticos, pero al mismo tiempo, aparte de Cipriano, había otros que disfrutaban de encuentros dramáticos con Dios. El pasaje que analizaremos a continuación nos ayudará a verlo.

Sobre la mortalidad se escribió después del azote de una plaga que puso a la gente de Cartago en contacto diario con la muerte. Esta situación produjo confusión a muchos cristianos y Cipriano escribió, intentando aportar una perspectiva cristiana de los acontecimientos. En un punto llegó a afirmar que no es apropiado que un cristiano luche, se queje, y busque escapar cuando es confrontado con la muerte. Para apoyar esta idea, Cipriano recordó la experiencia de otro obispo africano.

Este hombre estaba a las puertas de la muerte y oró para que su vida fuera prolongada cuando:

> Un hombre se paró a mi lado… joven, venerable en gracia y dignidad, noble en estatura y brillante en apariencia, sobre el cual era casi imposible fijar la mirada humana.[16]

Este joven etéreo a continuación habló con el obispo y expresó su desaprobación con su titubeo respecto a la muerte. Cipriano continúa diciendo:

> Nuestro hermano y amigo, en su lecho de muerte, escuchó aquello que debía decir a otros. Lo escuchó mientras moría,

> y lo escuchó para que pudiera contarlo; lo escuchó no para sí mismo sino para nosotros.[17]

Este era un hombre, como muestra el comentario de Cipriano, a quien le había sido entregado un mensaje de parte de Dios que debía comunicar a otros. Se acerca bastante a lo que llamaríamos profeta.

La pasión, la intensidad y la confusión de un periodo de persecución intensa que ocurrió al principio del tiempo durante el cual Cipriano fue obispo fueron circunstancias de las cuales surgieron más pruebas de la actividad profética en el norte de África. Cuando estalló la persecución de Decio, Cipriano se escondió. Aunque mantuvo el contacto por correo con el clero de su iglesia, pronto comenzó a perder el control de lo que estaba ocurriendo allí. Se enteró de que algunos de los ancianos habían comenzado a dejar que personas que habían ofrecido sacrificios para evitar la persecución volvieran a unirse a la iglesia. Eso era una desobediencia descarada a las instrucciones de Cipriano, y él les escribió diciendo que esos ancianos no habían hecho lo correcto, y entonces, antes de ordenar que dejaran de hacerlo, dice:

> Por eso el juicio divino no deja de frenarnos día y noche. Además de las visiones en la noche, durante el día la infancia inocente se llena del Espíritu Santo entre nosotros. Con sus ojos llenos de emoción ven, escuchan y hablan sobre aquellas cosas acerca de las cuales el Señor cree que es bueno advertir e instruirnos.[18]

Aquí, Cipriano se refiere a los mensajes proféticos que estaba recibiendo mientras permanecía escondido y que eran relevantes para el tema del que estaba hablando. Los agentes de estos mensajes parecen haber sido niños.

De todos estos pasajes, podemos concluir que el norte de África no estaba ajeno a los dones del Espíritu alrededor de la mitad del tercer siglo. El obispo más importante de esta era, Cipriano, había experimentado el mover del Espíritu de Dios al igual que, por lo menos, un obispo más. Además de esto, varios de los niños que estaban en el lugar donde Cipriano se ocultaba habían tenido experiencias similares. A pesar de las preguntas que estaban surgiendo, el cristianismo de Cartago seguía teniendo elementos carismáticos.

Ahora podemos llegar a una conclusión acerca de la iglesia del principio del tercer siglo en el norte de África y los dones del Espíritu. En primer lugar, creo que debemos decir que el ambiente tenía un tinte carismático. Lo que hemos descubierto sobre Tertuliano y Cipriano sugiere, con bastante seguridad, que los cristianos de esta época y lugar no estaban ajenos al mover del Espíritu. Me parece revelador comparar el modo en que estos dos hombres hablan de los dones. Tertuliano les da más lugar, eso está claro, pero por lo general hablan de experiencias del mismo tipo. Hacen referencias solamente a los dones que dan información sobre Dios y su voluntad, refiriéndose a visiones, revelaciones, y profecías.

Además de eso, fijémonos en que estos líderes cristianos de Cartago tenían ideas parecidas sobre qué era la profecía. Ambos hicieron referencia a ocasiones en las que personas tuvieron visiones o recibieron revelaciones de Dios que después compartieron con otros. A esto le falta cierto grado de la franqueza que parece darse por hecha en 1 Corintios 12, pero encaja bastante bien con lo que encontramos en Hechos 10 y Hechos 16, donde Pedro y Pablo tuvieron visiones, y también con el material de Hechos 21 relacionado con el ministerio del profeta Agabo.

Los dones del Espíritu, por lo tanto, todavía estaban presentes. El hecho de que la gente fuera montanista o católica no parece importar mucho, ya que, al igual que en Roma, por lo menos algunos de los cristianos del norte de África estaban involucrados en el ministerio a través de los dones del Espíritu.

Sin embargo, también tenemos que saber que estos mismos dones tenían sus detractores. Las personas se hacían preguntas sobre ellos, y las actitudes hacia ellos estaban cambiando. Ahora que llevamos nuestra atención hacia otra región, veremos que comienza a desarrollarse el mismo cuadro.

CAPÍTULO 9

Del oriente de Grecia

Hasta ahora, nuestra exposición acerca de los dones del Espíritu en la iglesia del tercer siglo nos ha mantenido cerca del oeste del Mediterráneo. A excepción de Hipólito, hemos hablado de líderes del cristianismo de habla latina. En este capítulo nos desplazamos hasta el otro extremo del Imperio romano. Más específicamente, todo el material que veremos es del círculo cristiano griego de intelectuales dirigidos por Orígenes.

En cuanto a su desarrollo, la iglesia griega de este periodo estaba prácticamente en guerra con su homóloga latina. Su organización era avanzada y se centraba alrededor de los obispos, que tenían mucho poder. Su gente había experimentado las mismas mejoras económicas y sociales que en Oriente; sin embargo, es posible que estuviera incluso un paso por delante del Oriente porque tenía escuelas de teología que eran capaces de llamar la atención no solo de los cristianos sino también de los paganos. Y, por supuesto, el maestro cristiano por excelencia de la época era Orígenes. Había otros que también eran importantes, como Clemente y Heracles por ejemplo, pero Orígenes los eclipsaba a todos.

A medida que intentamos repasar pruebas relativas a los dones, consultaremos a Orígenes y a dos de sus pupilos que pasaron a convertirse en obispos poderosos: Dionisio de Alejandría y Firmiliano. Analicemos primero al «maestro».

Orígenes

Orígenes es una figura muy destacada en la historia de la iglesia y una de sus grandes mentes. Estudió filosofía, enseñaba acerca de un amplio abanico de temas teológicos, y practicaba una vida cristiana extremadamente devota. Además de sus logros devocionales e intelectuales, era un feligrés comprometido; con frecuencia podríamos encontrarlo en la carretera, de camino a algún lugar para defender la verdadera doctrina de la iglesia.

Desgraciadamente, no todo lo relativo a Orígenes es de color de rosa. Por un lado, su devoción estaba teñida de fanatismo; y, por otro, su filosofía parece haber corrompido su teología. Casi 300 años después de su muerte, la iglesia condenó oficialmente muchas de sus ideas.

Nos referimos a Orígenes en este texto simplemente porque varias de sus obras contienen referencias a los dones del Espíritu. Mientras analizamos estos pasajes, haremos bien en tener en cuenta un comentario que hizo Jean Daniélou. Mientras exponía lo que las obras de Orígenes tenían que decir acerca de varios asuntos relativos a la iglesia, sugirió:

> En referencia a cada uno de estos puntos tendremos que tener en cuenta, por un lado, la evidencia que nos muestra Orígenes sobre los hechos concretos tal cual ocurrieron en su tiempo, y por otro su propio punto de vista acerca de ellos.[1]

Creo que aferrarnos a esta distinción nos ayudará a aclarar algunas afirmaciones que hizo Orígenes acerca de los dones espirituales. Examinaremos estas afirmaciones en dos pasos: primero, escucharemos lo que Orígenes tenía que decir, y después intentaremos analizar su importancia.

Como mencioné hace un momento, los dones del Espíritu aparecen con bastante frecuencia en los escritos de Orígenes. Nunca expone una teología completa de los dones, pero a veces podemos descubrir pistas acerca de cómo creía que operaban en la experiencia diaria. En otros puntos habla sobre su presencia en la iglesia de su época. Haciendo caso del consejo de Daniélou, analizaremos primero un material y luego el otro.

Cuando examinamos el pensamiento de Orígenes acerca del papel contemporáneo de los dones, vemos que menciona dos de ellos mucho más a menudo que los otros. Son la «palabra de sabiduría» y la «palabra de conocimiento». Hace referencia a ellos en *Primeros principios*, 1, 3:8, y 2, 7:3; en *Contra Celso*, 3, 18; 3, 46, y 7, 23, y en *Sobre Josué*, 8:1 y 26:2. También habla acerca de la profecía en *Sobre Éxodo*, 4, 5. Cree que estos dones cumplen una función muy específica: son dados para ayudar a las personas que interpretan las Escrituras. Cuando alguien hace eso, a menudo se encuentra con pasajes que son difíciles de entender. Lo que hay que hacer en esos casos es, según él, orar pidiendo uno de los dones que acabamos de mencionar. Si es recibido, las probabilidades de interpretar correctamente el pasaje aumentarán porque Dios lo estará ayudando. Los dones son herramientas para el estudio de la Biblia.

Orígenes también creía que los dones del Espíritu tenían otro papel en la iglesia: según él, el posible propósito principal de los dones era dar un beneficio personal a los cristianos individualmente. Esto se ve muy claramente en *Contra Celso*, 3, 18. Ahí dice que la palabra de sabiduría y la palabra de conocimiento ayudan a los estudiantes a aprender y a entender realmente la fe cristiana. Una vez más, los dones son presentados como herramientas para el estudio, pero esta vez es aquel que estudia quien recibe la ayuda, mientras que en los otros pasajes que hemos citado el que la recibía era el maestro.

Esta manera de pensar acerca de los dones encaja bien con la perspectiva teológica general de Orígenes. Él consideraba que el enfoque de la vida cristiana era, en su mayoría, la búsqueda del verdadero conocimiento. Además de eso, cuando se disponía a interpretar las Escrituras nunca estaba satisfecho con el significado superficial, literal, o histórico-gramatical. Siempre buscaba el significado más profundamente «espiritual». Pensaba que, para poder percibirlo, y para poder llegar al verdadero conocimiento, los dones eran esenciales.

La visión de Orígenes sobre los dones sin duda encajaba en el resto de su sistema teológico; sin embargo, su comprensión acerca de ellos estaba muy lejos del apóstol Pablo. Pablo enseñaba que los dones operan en el contexto de una comunidad cristiana y para el beneficio de esa comunidad en su conjunto. No eran dados para fortalecer la comprensión intelectual de los individuos acerca del cristianismo.

Habiendo analizado el pensamiento de Orígenes acerca de la actuación contemporánea de los dones, ahora podemos pasar a los reportes que da acerca de ellos. Los veía en la iglesia a su alrededor, y hace algunos comentarios importantes. Hay cuatro pasajes en los que encontramos reportes, y todos pertenecen a su *Contra Celso*. Cada uno de ellos expone la idea de que todavía hay «trazas» de los dones del Espíritu Santo entre los creyentes. Analizaremos estos pasajes juntos y después haremos algunos comentarios detallados.

Contra Celso, 1, 2

Aquí, Orígenes habla sobre cómo podemos demostrar que el evangelio es válido. Al hacerlo, afirma que los milagros que testificaron sobre la verdad del evangelio en la era apostólica ocurrieron de verdad, y la prueba es el hecho de que aún existan trazas de ellos. Dice:

> Esta es la demostración divina que el apóstol llama «demostración de espíritu y poder»: de espíritu por las profecías, y especialmente aquellas que se refieren a Cristo, que pueden convencer a cualquiera que las lea; y de poder por los milagros prodigiosos que podemos demostrar que ocurrieron mediante

este argumento entre muchos otros; que aún quedan trazas de ellos entre aquellos que viven conforme a la voluntad del Logos.[2]

Contra Celso, 1, 46

En este pasaje, una vez que ha hablado de los milagros tal cual los vemos en el ministerio de Jesús y en la iglesia primitiva, Orígenes continúa diciendo:

> Las trazas de ese Espíritu Santo que apareció en forma de paloma aún se conservan entre los cristianos. Éstos echan fuera demonios, llevan a cabo sanidades, y perciben ciertas cosas sobre el futuro de acuerdo a la voluntad del Logos.[3]

Contra Celso, 2, 8

Aquí, Orígenes habla del caso de los judíos después del nacimiento de Jesús.

> Ya no tienen profetas o milagros, aunque es bastante común encontrar trazas de ellos entre los cristianos. Verdaderamente, algunas obras son incluso mayores; y, si nuestra palabra es confiable, nosotros también los hemos visto.[4]

Contra Celso, 7, 8

En este pasaje, Orígenes habla sobre la alegación de Celso de haber visto profetas en Palestina.

> Pero al principio, cuando Jesús enseñaba, se manifestaron señales del Espíritu Santo, y después de su ascensión hubo muchas más, aunque luego se hicieron menos numerosas. Sin embargo, incluso hasta el día de hoy hay rastro de Él en algunas personas cuyas almas han sido purificadas por el Logos y por las acciones que son consecuencia de seguirlo.[5]

De estos pasajes surgen algunos puntos que me gustaría que analizáramos con más detalle. Primero, intentemos averiguar qué son estas «trazas» a las que se refería Orígenes. En 1, 2 se habla de milagros; en 2, 8 de profetas y prodigios, y en 7, 8 de señales del Espíritu Santo. Sin embargo, en 1, 46 Orígenes usa un lenguaje más específico, enumerando tres «trazas», y lo que dice es muy similar en varios aspectos a las listas de dones de Romanos 12 y 1 Corintios 12. Tanto en las listas de Orígenes como en las de Pablo hay referencias a lo que las personas pueden hacer hacia espíritus puros e impuros. En la afirmación de Orígenes, los cristianos echan fuera espíritus impuros mientras que Pablo habla de la habilidad de distinguir entre espíritus. Además de esto, los dos hablan de la habilidad de sanar a los enfermos. La habilidad de predecir el futuro que menciona Orígenes cuadra con uno de los aspectos de la vida de los profetas del Nuevo Testamento, como podemos ver en el ejemplo de Agabo (Hechos 21:11). En 1 Corintios leemos que Dios es el encargado de que los dones aparezcan, mientras que en *Contra Celso* 1, 46 el mismo hecho se cuenta como una señal de la obra del Espíritu Santo. Yo creo que todos estos puntos en común significan que las «trazas» de Orígenes eran lo mismo que los «dones» de Pablo. Según lo veo yo, esto también está reflejado en otros pasajes de *Contra Celso*, de Orígenes.

Sin embargo, ¿no acabamos de decir hace un par de páginas que las creencias de Orígenes acerca de los dones eran diferentes a las de Pablo? Sí. Pero fijémonos en otra distinción más. Cuando analizamos las creencias de Orígenes sobre los dones, vimos que mencionaba tres, concretamente: «la palabra de sabiduría», «la palabra de conocimiento», y «profecía». Las tres se consideran medios por los cuales Dios nos da más información sobre sí mismo.

Los reportes, sin embargo, van bastante más allá de esto. Se menciona la profecía, pero los otros dones mediante los cuales se obtiene revelación acerca de Dios no aparecen. Sí se habla, sin embargo, de «milagros», «sanidad», «exorcismo» y «señales». Las creencias de

Orígenes sobre los dones de «revelación» nos permiten suponer una similitud entre otros de los dones que menciona y los dones del Nuevo Testamento. Con respecto a estos últimos, Orígenes simplemente estaba «hablando de lo que veía».

Hay un segundo hecho que surge de estos pasajes y al que debemos prestar también toda nuestra atención. Orígenes dice en repetidas ocasiones que lo que queda del Espíritu y su obra son solo «trazas». Además, en *Contra Celso*, 7, 8 nos dice que las trazas se pueden apreciar en «algunas personas». Es obvio que, en el momento en que Orígenes escribió este libro (a mitad del tercer siglo), la marea de la experiencia carismática en la iglesia había menguado significativamente. Orígenes sabía que anteriormente los dones habían sido normales en la vida de la iglesia pero, a medida que llegó a la etapa más tardía de su vida, sus apariciones habían dejado de ser comunes.

Un tercer punto en el que deberíamos detenernos surge de *Contra Celso*, 2, 8. Este pasaje contiene una frase un tanto confusa. Acabamos de ver que Orígenes pensaba que los dones eran algo poco común en su época, pero ahora parece afirmar algo muy diferente. Su comentario dice que, aunque la profecía y las señales habían desaparecido de entre los judíos, aún había trazas de ellos entre los cristianos y que esto (he aquí lo sorprendente) «es bastante común». Además, cuando ha establecido sus credenciales de manera educada, añadiendo que «si nuestra palabra es confiable», Orígenes afirma haber visto los dones con sus propios ojos. ¿Cómo podemos encontrarle el sentido a este cambio de dirección? ¿Es solo escaparatismo para mejorar la imagen de la iglesia? Responderemos a esas preguntas, pero antes analicemos más detenidamente a Orígenes como hombre.

Primeramente, es necesario que veamos a Orígenes como un hombre de iglesia. He mencionado esto antes, pero deberíamos prestarle más atención. A lo largo de su vida sirvió a la iglesia con gran devoción. Daniélou hace hincapié en esto, diciendo:

> Al estudiar su vida, hemos visto que fue catequista, lector, sacerdote, doctor y mártir; pasó toda su vida realizando funciones eclesiásticas. Por ello, sus obras están fuertemente arraigadas en el cristianismo de su época.[6]

Orígenes era una persona que estaba siempre «ocupándose de los asuntos de su iglesia». Y no solo eso, sino que también era tenido en alta estima por sus compatriotas cristianos. Esas dos afirmaciones, por supuesto, van de la mano. Puede que haya perdido popularidad ante la iglesia después de morir, pero surfeó la cresta de una ola de popularidad durante su vida.

Mientras vivía en Alejandría, su vida altamente disciplinada y sus abundantes dotes intelectuales le hicieron famoso más allá de sus fronteras. Era todo un «mediterráneo» tanto en su filosofía de pensamiento como en su filosofía de vida. De hecho, obtuvo honores en todas las organizaciones a las que perteneció, y su reputación era tan buena que hasta su excomunión por parte del obispo Demetrio de Alejandría y su consiguiente traslado a Cesarea casi ni hicieron mella en ella.

Entre otras cosas, Orígenes sirvió a su iglesia como «solucionador de problemas» teológicos. Al menos en dos ocasiones lo invitaron a prestar asistencia en negociaciones de paz en el Medio Oriente (paz teológica, por supuesto). Eusebio nos dice que en ambas ocasiones desempeñó un papel destacado.

También debemos recordar que Orígenes viajó igualmente por otras razones que no tenían nada que ver con el mantenimiento de la paz. Vivió y enseñó en Alejandría y en Cesarea, pero también visitó Roma, Arabia, Antioquía, Grecia, y otra Cesarea (en Capadocia) por diversas razones. Seguro que un trotamundos como él tenía un punto de vista bastante integrador del cristianismo. No se había arropado con la manta para quedarse sentado en casa junto al fuego, sino que había salido y había visto una gran parte del mundo. Lo imagino visitando a cristianos en muchos lugares diferentes, quedándose hasta altas horas de la noche con un vaso o una copa de lo que sea en la mano, resolviendo todos los problemas de la iglesia y del mundo de su época igual que hacemos nosotros. Yo creo que estas sesiones ayudaron mucho a Orígenes a dar con la clave del cristianismo contemporáneo.

Llevando nuestro retrato de Orígenes un paso más allá, me gustaría hacer énfasis en que no era un carismático de mirada salvaje que intentaba demostrar la veracidad de sus dones. De hecho, como vimos anteriormente, tenía un entendimiento de los dones espirituales que en mi opinión era más conservador que el de Pablo, que era más moderado. Los reportes de los dones, y en especial aquellos que son más importantes para nuestro estudio, no surgen de una defensa ferviente de los mismos. Aparecen casi de modo accidental en pasajes en los que el enfoque principal era otro.

Todo esto me sugiere que Orígenes estaba en la posición correcta para comentar acerca de la vida espiritual de la iglesia. Además, creo que podemos suponer que, cuando Orígenes hablaba sobre los dones del Espíritu, lo hacía desde la objetividad.

¿Cuál es, entonces, nuestra conclusión? Pues bien, Orígenes había visto «trazas» de los dones del Espíritu. Creo que esto significa que en su época los dones aparecían de vez en cuando. ¿Dónde? ¿Quién puede saberlo con certeza? Tal vez solamente en uno o dos lugares, o tal vez en una amplia extensión del territorio del Imperio. Orígenes no nos dijo dónde los había encontrado, pero sí nos dice que eran solo «trazas». En los tiempos de Orígenes, los dones ya estaban bastante avanzados en su salida de la iglesia primitiva. En este punto dejamos atrás a uno de los pensadores más originales que la iglesia ha tenido jamás.

Dionisio

Hablemos ahora de Dionisio, uno de los pupilos más famosos de Orígenes. Está claro que el ambiente emocionante que rodeaba al maestro marcó al pupilo, porque éste pasó a labrarse una reputación por derecho propio. Sin embargo, a diferencia de Orígenes,

Dionisio subió a la cima del poder eclesiástico cuando se convirtió en obispo de Alejandría en el 247 d. C. Mantuvo esa posición durante diecisiete años que fueron muy difíciles, capitaneando su barco con mano dura por los tempestuosos mares de la controversia doctrinal, la persecución, el desorden cívico, y la plaga.

Dionisio, sin embargo, parece haber sabido controlar su poder y no al revés; como suele suceder. Es una de las personas más amables que he conocido en la iglesia primitiva. Una y otra vez demostró ser un hombre capaz de enfrentar situaciones difíciles con calma y sensatez. Siempre estaba dispuesto a escuchar al otro y a intentar buscar una solución que no hiciera daño a nadie. Sin embargo, ¡no era tan abierto de mente como para volverse soso! Tenía una idea bastante clara de la Verdad, y trabajó duro para preservarla, pero siempre intentó hacerlo con amor. Desgraciadamente, es muy raro encontrar a este tipo de personas en cualquier periodo de la historia de la Iglesia.

Es alentador ver que, a pesar de cuán profundamente inmerso estaba Dionisio en la teología y el gobierno de su iglesia, también valoraba mucho el contacto directo con Dios. Me gustaría resaltar algunos acontecimientos que ilustran esto y después comentarlos brevemente.

Los acontecimientos a los que me refiero vienen de dos momentos muy importantes en la vida de Dionisio. El primero ocurrió en plena persecución. Poco tiempo después de que Decio hubiera comenzado su ataque contra la iglesia, se supo que Dionisio ya no estaba en Alejandría. ¡El capitán del ejército se había dado media vuelta y había huido! Más adelante, Dionisio tuvo que escribir para defenderse de esas acusaciones de cobardía. Hay una frase muy interesante en su explicación, que dice: «Dios me pidió que me marchara».[7]. Afirma que actuó bajo las órdenes directas de Dios.

El segundo momento es muy similar al que acabamos de analizar. Nos encontramos con un Dionisio atrapado en la controversia que giraba en torno a aquellos que habían sido bautizados por herejes y ahora querían unirse a la iglesia. Como era su costumbre, Dionisio intentaba tomar la mejor y más justa decisión posible. Batallaba con el problema de leer o no los escritos de los herejes en cuestión, y aunque su instinto le decía que debía hacerlo, pensaba que si lo hacía corría el riesgo de contaminar su teología. ¿Qué debía hacer? En medio de su indecisión, Dios habló. Dejemos que nos lo cuente Dionisio.

> Pero una visión enviada por Dios vino y me dio fuerzas, y se me dio un mandamiento que decía expresamente: «Lee todo lo que venga a tu mano, porque tú puedes filtrar y refutar cada asunto; esto fue lo que propició originalmente tu fe». Yo acepté la visión.[8]

Dionisio no parece, a la luz de este texto, un obispo obstinado, pero sí que podemos ver que era un hombre que quería escuchar a Dios.

¿Cómo evaluamos este material? Probablemente no podríamos afirmar que lo que Dionisio experimentó se ajusta mucho a lo que leemos en 1 Corintios 12. Como he sugerido en varias ocasiones, los dones que vemos en el material paulino fueron dados para el beneficio de toda la asamblea de creyentes, y habitualmente se manifestaban en las reuniones del grupo. Dionisio obtuvo dirección personal y directa de una manera muy similar a como lo hizo Pablo antes de cruzar hacia Macedonia. Creo que lo máximo que podemos decir es que la apertura a las cosas de Dios que vemos en el Nuevo Testamento perduraba en Dionisio. Sin embargo, las pruebas que tenemos de él dicen muy poco, si es que dicen algo, acerca de los dones del Espíritu en sí.

Firmiliano

El último individuo que consultaremos es Firmiliano, obispo de Cesarea de Capadocia; lo que ahora sería el este de Turquía. Tenía mucho en común con Dionisio de Alejandría: ambos estudiaron con Orígenes, los dos se convirtieron en obispos, los dos sirvieron entre el 250 y el 270 d. C., y ambos se involucraron profundamente en las mismas dificultades teológicas. Sin embargo, el carácter de los dos hombres era muy diferente. Firmiliano era tan duro y sarcástico como Dionisio amable y amante de la paz. Hubiera sido interesante ver a estos dos hombres discutir sobre algo alrededor de una mesa redonda.

En el 256 d. C. Firmiliano le escribió a Cipriano una carta bastante larga que ha sobrevivido entre la correspondencia del obispo de Cartago. Hay un pasaje que me gustaría citar completo.

> Hace aproximadamente dos años… repentinamente se levantó aquí cierta mujer que, en un estado de éxtasis, se proclamó profetisa y actuó como si estuviera llena del Espíritu Santo. Sin embargo, la realidad es que estaba siendo controlada por los jefes de los demonios de manera que durante mucho tiempo inquietó y engañó a la iglesia, haciendo cosas asombrosas y extraordinarias, y prometiendo que movería la tierra. (Nótese que el poder del demonio era tal que podía mover la tierra o alterar los elementos, pero a veces un espíritu impuro, sabiendo que va a haber un terremoto, hace como si estuviera causando lo que ya sabe que va a ocurrir en el futuro). Con estas mentiras y alardeos había dominado la mente de muchos para que le obedecieran y le siguieran a dondequiera que les guiara o dirigiera. También hizo que esa mujer caminara descalza en la nieve congelada del frío invierno impidiendo que le molestara o fuera herida en el paseo. Ella también decía que tenía que ir a Judea y Jerusalén, fingiendo haber venido de allí. También engañó a un presbítero, un hombre con trasfondo rural, y a otro decano para que la acompañaran; esto se descubrió poco tiempo después. Repentinamente, uno de los exorcistas la confrontó: un hombre que había demostrado ser íntegro y vivía una vida religiosamente disciplinada, quien habiendo sido inspirado por la exhortación de muchos hermanos que estaban

presentes y también eran fuertes y ejemplares en la fe, se levantó para someter a ese espíritu impuro que poco tiempo antes había predicho, con engaño sutil, que vendría un agresor no creyente que se oponía a ella. Sin embargo, el exorcista, inspirado por la gracia de Dios, resistió con fuerza y demostró que ese espíritu, que se creía que era santo, era en realidad malvado.[9]

Una lectura apasionante, ¿no es así? ¿Qué piensa usted de ella? Yo estoy dispuesto a dejarla estar y que hable por sí misma. Se parece mucho a la historia sobre un charlatán religiosos que causó algunos problemas en la iglesia. Tal vez deberíamos soltar el pasaje y permitir que vuelva a perderse en el olvido. Me gustaría hacer eso, pero hay varias cosas que me hacen dudar.

En primer lugar, Firmiliano no parece estar usando una fuente escrita; no hay nombres u otros detalles concretos en el relato. En segundo lugar, el espacio de tiempo entre que la mujer apareció y Firmiliano le escribió a Cipriano sobre ella es de más de veinte años. En tercer lugar, Firmiliano era un hombre que estaba dispuesto a arruinar la reputación de alguien cuando pensaba que la situación lo requería. En esta misma carta expone su punto de vista acerca del bautismo de los herejes y ataca al obispo Esteban de Roma (254-257 d. C.), que no estaba de acuerdo con él. En su ataque, compara a Esteban con Judas el traidor, lo acusa de haber alardeado de su posición como obispo de Roma, afirma que es peor que los herejes, enfatiza el daño que cree que ha hecho el obispo de Roma, lo colma de sarcasmo, ¡y alega que tiene una mente escurridiza, cambiante e incierta! Si es así como trata a un hermano obispo, ¿qué haría con alguien con el que estuviera realmente enojado?

En cuarto lugar, la mujer había hecho muchas cosas que podrían provocar la ira de Firmiliano. Para empezar, había hecho desviarse a algunos hombres del clero. Además de eso, un poco más adelante en la carta Firmiliano dice que ella también había bautizado a personas y dirigido la celebración de la cena del Señor. Seguramente pensaba que eso era muy poco común por el sexo de ella.

Teniendo en mente todas estas consideraciones, tal vez, y solo tal vez, lo que realmente ocurrió fue diferente a lo que cuenta Firmiliano. Tal vez alrededor del 230 y 235 d. C. una mujer que profetizó en un éxtasis y afirmó recibir inspiración del Espíritu Santo apareció, efectivamente, en Capadocia. Puede que hiciera algunas cosas extrañas, pero pudo ganar seguidores en virtud de algunos milagros que realizó. Es posible que su profecía fuera una manifestación legítima del don de profecía, y la iglesia, viendo que algunos líderes se acercaban a ella, se sintió amenazada y contraatacó con un exorcista.

Por otro lado, es posible que lo que relata Firmiliano sea completamente cierto, y este texto no debería ser utilizado como evidencia de que la profecía aún existía en Capadocia en el segundo cuarto del tercer siglo.

Soy algo escéptico con este material, pero quería presentarlo porque es posible que Firmiliano nos haya pintado un cuadro distorsionado.

Cuando repasamos el material que nos dieron Orígenes y sus pupilos, la imagen que tenemos de los dones del Espíritu en la iglesia del tercer siglo se completa un poco más. En términos generales, la importancia de los dones se había reducido. Todavía era posible encontrarlos entre los cristianos, como nos sugiere el material de Novaciano y Cipriano, pero cada vez eran menos comunes. Orígenes solo pudo encontrar «trazas» de ellos; y, además, en los lugares donde se manifestaban hay pruebas de que eran recibidos con escepticismo.

Cipriano tuvo que reconocer que algunos cristianos no aceptaban lo que él tenía que decir. Finalmente, anotemos que la iglesia de Occidente parece haber estado más familiarizada con los dones en el tercer siglo que la iglesia griega. La evidencia que tenemos de Roma y Cartago es bastante sólida, pero lo que nos llega desde el Oriente es escaso y dudoso.

Conclusión

En los casi trescientos años que hemos seguido la pista a la iglesia, hemos visto muchos cambios. Es asombroso ver al pequeño grupo de pescadores evolucionar a lo largo de los siglos hasta convertirse en uno de los distintivos más importantes del mundo latino y griego. La iglesia creció de manera asombrosa en tamaño, poder e influencia.

Cuando buscamos explicaciones para el crecimiento, es necesario comenzar por el mismísimo Galileo. Su vida y resurrección sobrenaturales le dieron su magnetismo, pero el descenso del Espíritu Santo fue extremadamente importante también. Él hizo que la verdad acerca de Jesús fuera más real que nunca para aquellos primeros cristianos, y les dio el poder de sobreponerse a los malentendidos, el odio, y la persecución. A través de su obra en la vida de esos hombres y mujeres comprometidos, el nombre de Cristo se extendió como un fuego incontrolable.

Los dones del Espíritu fueron una parte importante de todo esto. Parece haber sido muy común que Dios guiara a alguien a ministrar a otros. Algunas veces era por medio de la palabra hablada, otras veces a través de algún hecho milagroso, y aún otras por medio de actos de compasión. Así eran los carismata, o dones del Espíritu; momentos en los que la gracia de Dios irrumpía en los acontecimientos humanos de manera especial. Hasta donde podemos ver, los dones eran una parte esencial de la vida del Nuevo Testamento.

La pregunta que planteé era: ¿qué ocurrió después del periodo del Nuevo Testamento? ¿Permanecieron los dones? Entonces iniciamos nuestro viaje, siguiendo los dones a través de las fuentes disponibles por las que podemos estudiar a la iglesia primitiva.

Creo que hemos podido llegar a una conclusión bastante clara: a lo largo del primer y el segundo siglo, los dones siguieron siendo una parte muy importante de la iglesia. Hemos analizado material de todas partes escrito durante este periodo, y hemos indagado acerca de prácticamente todos los tipos de personas en la iglesia. Hemos escuchado tanto a obispos como a herejes, a filósofos como a poetas, a contadores de historias y a teólogos. En términos generales (y por supuesto que habrá excepciones en momentos y lugares específicos), la iglesia de antes del 200 d. C. era carismática.

Sin embargo, en la primera mitad del tercer siglo las cosas empezaron a cambiar. Seguimos encontrando pruebas de que los cristianos de habla latina en Occidente estaban familiarizados con los dones y abiertos a las manifestaciones inusuales de la presencia de Dios, pero incluso en Occidente había cristianos que comenzaban a mirar los dones con recelo. En el Oriente griego oímos solo acerca de «trazas», y vemos que la percepción de la gente acerca de qué eran los dones había cambiado. Está claro que la importancia que se había dado a los dones se estaba desvaneciendo. Esta sensación se ve reforzada cuando nos damos cuenta de que una proporción mucho menor de autores cristianos hablan sobre los dones en este periodo que en el de antes del 200 d. C. Los dones simplemente ya no ocupaban el mismo lugar que antes en la vida y el pensamiento de la iglesia.

Estos tres siglos fueron testigos de cambios drásticos en la iglesia cristiana. En medio de todo ello, los dones del Espíritu se fueron desvaneciendo. Cerca del 260 d. C. llegó el punto en el que ya no encajaban en las comunidades cristianas, que ahora estaban muy estructuradas y eran cultas, ricas y poderosas. La iglesia no perdió su esencia, pero sí perdió aquellos momentos especiales en los que Dios irrumpía en las vidas de los hombres y las mujeres.

Notas

Introducción

1. Véase Juan 14:25; 15:26; 16:12–14; 2 Timoteo 1:14; Romanos 8:9; Gálatas 4:6; 5:22-23; Efesios 1:13-14, y Romanos 8:26, por ejemplo.
2. Hechos 13:1 y 15:32.
3. 1 Corintios 12:4–7, 11, y Hebreos 2:4.
4. Esto se opone diametralmente a una postura adoptada por Benjamin B. Warfield, «The Cessation of the Charismata» en *Counterfeit Miracles* (1918; reimpreso; Carlisle, Pa.: Banner of Truth, 1976), pp. 3–31. Me parece que Warfield se mete en problemas cuando pasa por alto o deja a un lado ligeramente pruebas de la presencia de los dones espirituales que llegan de principios del segundo siglo, lo cual produce una brecha entre la experiencia de la iglesia del Nuevo Testamento y el tercer siglo. Warfield entonces justifica lo que él considera que son los datos correctos diciendo que los dones del Espíritu estaban relacionados únicamente con los doce apóstoles, y que daban autenticidad a su ministerio. Ellos, y aquellos a quienes los impartieron, manifestaron esos dones. Entonces señala un rápido aumento de «maravillas» entre cristianos que comenzó a finales del segundo siglo y principios del tercer siglo, explicándolos al referirse a la superstición del entorno de la iglesia grecorromana. Aunque es verdad que la superstición aumentó en la iglesia alrededor del 200 d. C., en mi opinión la evidencia no sugiere que los dones válidos terminaron con la era apostólica. Los dones indudablemente eran importantes entonces, pero no estuvieron limitados a ese periodo. El pasaje de 1 Corintios 13:8–12 parece señalar a la segunda venida de Cristo como el momento en el que la necesidad del ministerio de los dones llegará a su fin. Los datos históricos sugieren que el flujo inicial del ministerio del Espíritu sobrevivió a los apóstoles durante varias generaciones.

Capítulo 1: De la iglesia emergente

1. Véase M. H. Shepherd, «Didache», en *The Interpreter's Dictionary of the Bible,* ed. E. S. Burke (New York: Abingdon, 1962), 1:842, pero A. Adam aporta la mejor discusión a la cuestión de dónde se escribió la *Didaché*: «Erwägungen zur Hernkunft der Didache», *Zeitschrift für Kirchengeschichte* 67 (1957), pp. 1–47.
2. Véase R. Glover, «The Didache's Quotations and the Synoptic Gospels», *New Testament Studies 5* (1958–1959) pp. 12–29; J.-P. Audet, *La Didaché: In structions des Apôtres* (Études Bibliques) (Paris: J. Gabalda and Co., 1958), pp. 170ss., y John A. T. Robinson, *Redating the New Testament* (London: SCM, 1976), pp. 322–27.
3. Audet, *La Didaché,* p. 236. Traducción del autor.
4. *Did.* 11:7, Audet, *La Didaché,* p. 238. Traducción del autor.
5. Debería destacarse que la profecía y el éxtasis no estaban limitados a los círculos cristianos durante los tres primeros siglos de nuestra era. Muchos autores no cristianos hablan sobre este tipo de cosas, incluidos Philo, *Who Is the Heir of Divine Things,* p. 55, trans. F. H. Colson y G. H. Whitaker, Loeb Classical Library, 4 (London: William Heinemann Ltd., 1932), p. 419; Plotinus, *The Enneads,* 6, 7: 34, 7 35, trans. S. MacKenna, rev. por B. D. Page (2d ed., London: Faber and Faber, 1956), pp. 588s.; Cicero, *On Divination,* 1, 66, trans. W. A. Falconer, Loeb Classical Library (London: William Heinemann, 1923), p. 297; Sophocles, *Antigone,* 956–63, trans. F. Storr, Loeb Classical Library, 1 (London: William Heinemann, 1912), p. 387; Euripides, *Bacchae,* 1122ff., ed. E. R. Dodds (Oxford: Clarendon Press, 1944), p. 65, y Plato, *Phaedrus,* 244B, trans. H. N. Fowler, Loeb Classical Library, 1 (London: William Heinemann, 1914). p. 465. Además de los comentarios hechos por estos autores, A. D. Nock, *Conversion* (Oxford: Clarendon Press, 1933), atrae la atención a dos hombres que parecen haber tenido capacidades inusuales de algún tipo; Apolonio de Tiana, que vivió a finales del primer siglo (p. 196) y Alejandro de Abonutico, que estuvo activo c. del 150 (p. 93).
6. Audet, *La Didaché,* p. 238. Traducción del autor.
7. Ibid.
8. H. von Campenhausen, *Ecclesiastical Authority and Spiritual Power,* trans. J. A. Baker (London: Adam and Charles Black, 1969), p. 178.
9. von Campenhausen, p. 295.
10. *Did.* 15:1 y 2; Audet, *La Didaché,* p. 240. Traducción del autor.
11. Véase p. 2 arriba.
12. Véase L. W. Barnard, *Studies in the Apostolic Fathers and Their Back*

ground (Oxford: Basil Blackwell, 1966), p. 12 y Robinson, *Redating the New Testament*, pp. 330ss.

13. *1 Clement* 38:1; Holt H. Graham, trans. (The Apostolic Fathers: A New Translation and Commentary, ed. R. M. Grant, 2) (New York: Nelson, 1965), p. 66.

Capítulo 2: De las sombras

1. Johannes Quasten, *Patrology* (Utrecht-Antwerp: Spectrum Publishers, 1966), 1: 63.
2. Ignacio, «Polycarp», 2:2, *Ignace d'Antioch: Lettres*, ed. P. Th. Camelot (Sources chrétiennes, 10) (4th. ed., Paris: Cerf, 1969), p. 148. Traducción del autor.
3. Ignacio, «To the Philadelphians», 7:1 and 2, ed. Camelot, *Ignace d'Antioch: Lettres*, p. 126. Traducción del autor.
4. *The Mysticism of Ignatius of Antioch* (Ph.D. Thesis, The University of Pennsylvania, 1932), p. 50.
5. Véanse los estudios de G. F. Snyder, *The Shepherd of Hermas*, The Apostolic Fathers: A New Translation and Commentary, ed. R. M. Grant, 6 (Camden, N.J.: Thomas Nelson and Sons, 1968), pp. 22ss.; S. Giet, *Hermas et les Pasteurs: les trois auteurs de Pasteur d'Hermas* (Paris: Presses Universitaires de France, 1963), pp. 304s., and Robinson, *Redating the New Testament*, pp. 319ss.
6. 1:3ss.; 5:1ss.; 8:1ss.; 9:6ss.; 18:7ss.; 22:6ss.; 25:2ss. Estoy siguiendo un método de dividir el texto de *El pastor* que sugirió R. A. B. Mynors y que presenta una numeración continuada de los capítulos como alternativa a la división tradicional en Visiones, Mandatos, y Similitudes.
7. *The Shepherd of Hermas*, 43:7 y 16, trans. Snyder, pp. 87 y 88.
8. H. B. Swete, *The Holy Spirit in the Ancient Church* (London: MacMillan, 1912), p. 25.
9. Véase también Kirsopp Lake, «The Shepherd of Hermas and Christian Life in the Second Century», *Harvard Theological Review* 4 (1911): 45.
10. Trans. Snyder, *The Shepherd of Hermas*, pp. 87s.

Capítulo 3: Del espíritu y la mente

1. Para quienes deseen profundizar en estas cuestiones, el artículo de J. H. Charlesworth «The Odes of Solomon—Not Gnostic», *Catholic Biblical Quarterly* 31 (1969) 357–69 sería un buen lugar para comenzar. Después de eso, hay una gran cantidad de material disponible.

2. R. M. Grant, «The Odes of Solomon and the Church of Antioch», *Journal of Biblical Literature* 63 (1944) 368.
3. Esta y todas las citas siguientes de las *Odas* son de la traducción de J. R. Harris y A. Mingana: *The Odes and Psalms of Solomon* (2d. ed., Manchester: At the University Press, 1920), vol. 2.
4. Harris y Mingana, *The Odes and Psalms of Solomon*, 2: 297s.
5. Alexander Roberts y James Donaldson, trans., *The AnteNicene Fathers*, ed. Alexander Roberts, James Donaldson, and A. C. Coxe (2d. ed., Buffalo: Christian Literature Publishing Company, 1885), 1: 214.
6. *Dialogue*, 39 y 1 Corintios 12:9.
7. *Dialogue*, 39 y Romanos 12:7.
8. *Dialogue*, 82: Roberts y Donaldson, *The AnteNicene Fathers*, 1: 240.
9. Ibid.
10. *Dialogue*, 87: Roberts Donaldson, *The AnteNicene Fathers*, 1: 243.
11. Véase L. W. Barnard, «Justin Martyr in Recent Study», *Scottish Journal of Theology* 22 (1969) p. 152; *Justin Martyr: His Life and Thought* (Cambridge: At the University Press, 1967), p. 134, del mismo autor; Henry Chadwick, *The Early Church* (The Pelican History of the Church, 1 Penguin Books, 1967), pp. 48 y 261s.; Hans Lietzmann, *The Founding of the Church Universal* (A History of the Early Church, trans. B. L. Woolf, 2; London: Lutterworth Press, 1961), p. 125f.; J. N. D. Kelly, *Early Christian Doctrines* (4th ed., London: Adam y Charles Black, 1968), pp. 89ss. and 194ss.: y *Early Christian Creeds* (2d. ed., London: Longmans, 1960), pp. 43 y 70ss., del mismo autor.
12. Véase p. 17s. arriba.
13. Véanse pp. 24–27 arriba.
14. G. T. Purves, *The Testimony of Justin Martyr to Early Christianity* (London: James Nisbet & Co., n.d.), p. 45. Se apoya por material en el libro de Barnard, *Justin Martyr: His Life and Thought*, pp. 133 y 150.

Capítulo 4: De la periferia de la iglesia

1. Véase Eusebius' *Chronicle*, Bk. 2, under the 173d. year of Christ (Migne, *Patrologia Graeca*, 19), col. 563; su *Ecclesiastical History*, 5, prefacio, 1, trans. Kirsopp Lake, Loeb Classical Library (London: William Heinemann, 1926), 1: 405; también 5, 3:4; 1: 443, y 4, 27:1; 1: 393s., y Epiphanius, *Panarion*, 48:1 (Migne, *Patrologia Graeca*, 41), col. 856. Pierre de Labriolle, quien produjo el estudio más adecuado realizado sobre el montanismo, acepta este dato (*La crise montaniste* [Paris: Ernest Leroux, 1913], p. 573), también W. H. C. Frend, *The Early Church*, [Knowing Christianity] (London: Hodder and

Stoughton, 1965), p. 80 y T. D. Barnes, «Chronology of Montanism», *Journal of Theological Studies*, n.s., 21 (Oct. 1970) 403–8— uno de los pocos puntos en los que están de acuerdo estos dos últimos eruditos.

2. Para una reacción bastante favorable al montanismo, véase John de Soyres, *Montanism and the Primitive Church* (Cambridge: Deighton, Bell and Co., 1878), p. 110, que está en marcado contraste con una visión apasionada en Henri Daniel-Rops' *The Church of Apostles and Martyrs*, trans. A. Butler (History of the Church of Christ, 1) (London: J. M. Dent & Sons Ltd., 1960), p. 297.
3. *Panarion*, 48:4 (Migne, *Patrologia Graeca*, 41), col. 861. Traducción del autor.
4. Didymus, *On the Trinity*, 3:41 (Migne, *Patrologia Graeca*, 39), col. 984. Traducción del autor.
5. Epiphanius, *Panarion*, 48:12; col. 873. Traducción del autor.
6. Justin, *I Apology*, 31 y 44, and *Dialogue with Trypho*, 37, trans. Alexander Roberts y James Donaldson (*The AnteNicene Fathers*, 1) (Buffalo: Christian Literature Publishing Company, 1885), pp. 173, 177, 213.
7. Teófilo, *To Autolycus*, 3, 7, trans. Marcus Dods (*AnteNicene Fathers*, 2), p. 116.
8. Atenágoras, *A Plea for the Christians*, 9, trans. B. P. Pratten (*Ante Nicene Fathers*, 2), p. 133.
9. Véanse pp. 20–24 arriba.
10. Véase p. 31s. arriba.
11. Eusebio, *Ecclesiastical History*, *5*, 16:17, Lake (Loeb Classical Library), 1: 481.
12. Eusebio, *Ecclesiastical History*, 5, 16:7, Lake (Loeb Classical Library), 1: 475.
13. Eusebio, *Ecclesiastical History*, 5, 16:9, Lake (Loeb Classical Library), 1: 477.
14. Eusebio, *Ecclesiastical History*, 5, 16:12, Lake (Loeb Classical Library), 1: 479.
15. *The Church History of Eusebius*, trans. A. C. McGiffert (Nicene and Post-Nicene Fathers, series 2, 1) (Grand Rapids: Eerdmans, 1951), p. 232.
16. *The Ecclesiastical History and the Martyrs of Palestine*, trans. J. E. L. Oulton (London: S. P. C. K., 1954), p. 160.
17. G. W. H. Lampe, *A Patristic Greek Lexicon* (Oxford: At the Clarendon Press, 1961), p. 88.
18. K. S. Latourette, *A History of Christianity* (New York: Harper & Row, 1953), p. 128 y Emile Lombard, «Le montanisme et l'inspiration», *Revue de Théologie et de Philosophie*, n.s., 3 (1915) 299 llegaron a la

misma conclusión independientemente. Otros, entre ellos Pierre de Labriolle (p. 171), también reconoce que se veían las señales de hablar en lenguas entre los montanistas.

19. P. Koetschau, ed., *Die griechischen christlichen Schriftsteller,* 4 (Leipzig: J. C. Hindrich, 1899), p. 160. Traducción del autor.
20. Orígenes, *Against Celsus,* 7, 2, trans. Henry Chadwick (Cambridge: University Press, 1953), p. 395.
21. *Against Celsus,* 7, 3, Chadwick, pp. 395f.
22. *Against Celsus,* 7, 3, Chadwick, p. 396.
23. *Against Celsus,* 7, 10, Chadwick, p. 403.
24. *The Founding of the Church Universal,* A History of the Early Church, trans. B. L. Woolf, 2 (London: Lutterworth Press, 1961), p. 55. H. Weinel, en un estudio temprano de los dones del Espíritu, dice lo mismo, *Die Wirkungen des Geistes und der Geister im nachapostolischen Zeitalter bis auf Irenäus* (Freiburg: J. C. B. Mohr [Paul Siebeck], 1899), p. 76.
25. *Against Celsus,* 7, 8, Chadwick, p. 401.

Capítulo 5: De los obispos

1. Para una introducción al gnosticismo, véase R. McL. Wilson's *The Gnostic Problem* (London: A. R. Mowbray and Co., 1958).
2. R. McL. Wilson, *Gnosis and the New Testament* (Philadelphia: Fortress Press, 1968), p. 16. Véase también G. van Groningen, *First Century Gnosticism: Its Origins and Motifs* (Leiden: E. J. Brill, 1967), pp. 4, 129, n. 5, y 173.
3. Ireneo tal como lo cita Eusebio en su *Ecclesiastical History,* 5, 7:3–5, Kirsopp Lake (Loeb Classical Library), 1:453 y 455. El texto griego fue escogido aquí y en la siguiente cita debido a la relativa debilidad del texto latino que fue editado por W. W. Harvey (1852). Hay también otros cuatro pasajes de *Against Heresies* que pueden arrojar algo de luz sobre lo que Ireneo sabía sobre los dones del Espíritu. El primero es 4, 7:3, donde Ireneo habla de la profecía de una manera que sugiere que todavía puede haber sido un fenómeno presente. El segundo pasaje es 4, 53:2, que compara tres dones que seguían activos: amor, conocimiento, y profecía. El tercer pasaje, 4, 52:3, es donde Ireneo habla como si estuviera haciendo una advertencia a falsos profetas que seguían vivos y amenazando a la iglesia. El último es 3, 11:12. En esta selección, Ireneo habla de la profecía como si él la aprobara personalmente. Mientras que todos estos pasajes pueden interpretarse como que dan prueba de la continuación de los dones del Espíritu,

ninguno de ellos tiene la fuerza suficiente para que se le conceda mucho peso.

4. «The Cessation of the Charismata», p. 15 y pp. 241s., n. 31.
5. Ireneo tan como lo cita Eusebio en *Ecclesiastical History,* 5, 7:6, Kirsopp Lake (Loeb Classical Library), 1:455.
6. Véase *Ecclesiastical History,* 5, 7:1 y 6, Kirsopp Lake (Loeb Classical Library), 1: 451 y 455.
7. Para evaluaciones detalladas de la obra de Eusebio como historiador, véase H. J. Lawlor, *Eusebius* (1928; reimpreso, London: S. P. C. K., 1954); J. Stevenson, *Studies in Eusebius* (Cambridge: W. Heffer & Sons Ltd., 1933), D. S. Wallace-Hadrill, *Eusebius of Caesarea* (Westminster, Maryland: Canterbury Press, 1961), y R. M. Grant, *Eusebius as Church Historian* (Oxford: Clarendon Press, 1980).
8. 1:442, Loeb Classical Library (London: William Heinemann, 1926). Traducción del autor.
9. *Orthodoxy and Heresy in Earliest Christianity,* trans. y ed. R. A. Kraft y G. Krodel (Philadelphia: Fortress Press, 1971), p. 191.

Capítulo 6: De la herejía y la superstición

1. Clemente de Alexjndría, *Excerpta ex Theodoto,* 24:1, ed. R. P. Casey (London: Christophers, 1934), p. 58.
2. *La Ghose Valentinienne* (Paris: Librairie Philosophique J. Vrin, 1947), pp. 302s.
3. *An Introduction to the Apocrypha* (New York: Oxford University Press, 1957), p. 263.
4. «Acts of Peter», 2, trans. G. C. Stead. E. Hennecke, *New Testament Apocrypha,* ed. W. Schneemelcher, trans, y ed. R. McL. Wilson (London: Lutterworth Press, 1965), 2: 280.
5. «Acts of Paul», 11, 1, trans. R. McL. Wilson, *New Testament Apocrypha,* 2: 383.
6. «Acts of John», 46, trans. G. C. Stead, *New Testament Apocrypha,* 2: 238.
7. «Acts of John», 56; Stead, *New Testament Apocrypha,* 2: 242.
8. «Acts of Paul», 9; Wilson, *New Testament Apocrypha,* 2: 379.
9. Ibid.
10. «Acts of Paul», 11, 3; Wilson, *New Testament Apocrypha,* 2: 385.
11. «Acts of Paul», 9; Wilson, *New Testament Apocrypha,* 2: 379s.
12. «The Beginning of the Stay in Ephesus», trans. R. McL. Wilson, *New Testament Apocrypha,* 2: 387s.
13. «Acts of Peter», 4, 11; Wilson, *New Testament Apocrypha,* 2: 293.
14. «Acts of Andrew», trans. Ernest Best, *New Testament Apocrypha,* 2;

407. Otros pasajes que presentan experiencias similares son: «Acts of Paul», 6; 2: 369; «Acts of Thomas», 41, trans. R. McL. Wilson, *New Testament Apocrypha*, 2: 267s., y «Acts of Thomas» 68; 2: 483s.

15. Ireneo, *Against Heresies*, 2, 49:3. Véase p. 50 arriba.
16. «Acts of Paul», 4; 2: 365. Véase «Acts of Peter», 9; 2: 314; «Acts of Thomas», 53 y 54; 2: 472s.; «Acts of John», 23; 2: 218s.; 37; 2:224, y «Acts of Paul», 11, 1; 2: 383s. para registros de eventos similares.
17. «Acts of Peter», 26 y 27; 2: 309; «Acts of Paul», 8; 2: 378; «Acts of Thomas», 33; 2: 461; 54; 2: 473, y 81; 2: 486; «Acts of John», 24; 2: 219; 47; 2: 239; 52; 2: 240; 75; 2: 249; 80; 2: 251, y 83; 2: 252.

Capítulo 7: De Roma

1. James L. Ash, Jr. argumenta que el profeta y el obispo representaban formas contrarias de gobierno en la iglesia primitiva, y que la primera desapareció cuando sus funciones fueron asumidas por el segundo («The Decline of Ecstatic Prophecy», *Theological Studies* 37 [1976] 227–52). El declive de los charismata siguió a la aparición de obispos, pero no se puede suponer, por lo tanto, un relación causa-efecto. La evidencia sugiere que ninguno de los charismata se convirtió nunca en el dominio exclusivo de los obispos. Véase pp. 2ss.; 31ss.; 42ss.; 48ss.; 53ss. arriba y 64ss.; 67ss.; 73ss.; 77ss., y 83ss. abajo. La desaparición de los dones debería entenderse como una parte del proceso de sofisticación que experimentó la iglesia.
2. Véase su *Refutation of all Heresies,* 9, 6 y 7, trans. J. H. MacMahon (*The AnteNicene Fathers,* ed. Alexander Roberts, James Donaldson, y A. C. Coxe, 5) (Buffalo: The Christian Literature Company, 1886), p. 128ss.
3. *The Treatise on the Apostolic Tradition of St. Hippolytus of Rome* (London: S. P. C. K., 1937), p. xliv.
4. John E. Stam, «Charismatic Theology in the *Apostolic Tradition* of Hippolytus», en *Current Issues in Biblical and Patristic Interpretation* (Grand Rapids: Eerdmans, 1975), pp. 267–76.
5. Hipólito, *The Apostolic Tradition,* 15:1, trans. Gregory Dix (London: S. P. C. K., 1937), p. 22.
6. Hipólito, *Apostolic Tradition,* 35:3, trans. Dix; p. 54.
7. B. S. Easton llegó a una conclusión similar. Véase su *The Apostolic Tradition of Hippolytus* (Cambridge: At the University Press, 1934), p. 104.
8. Dix, trans., *The Apostolic Tradition,* p. 62.
9. Novatian, *Concerning the Trinity,* 29, 10 (Corpus Christianorum, ed. G. F. Diercks, Series Latina, 4) (Turnholt: Brepols, 1972), p. 70. Traducción del autor.

10. Novatian, *Concerning the Trinity,* 29, 4 (Corpus Christianorum, 4), p. 69. Traducción del autor.
11. Véase Russell J. DeSimone, *The Treatise of Novation, the Roman Presbyter on the Trinity* (Studia Ephemeridis Augustinianum, 4) (Rome: Institutum patristicum Augustinianum, 1970), pp. 143; 14., y 158.
12. Novatian, *Concerning the Trinity,* 29, 16 (Corpus Christianorum, 4), p. 71. Traducción del autor.
13. Novatian, *Concerning the Trinity,* 29, 18 and 19 (Corpus Christianorum, 4), p. 71. Traducción del autor.
14. Novatian, *Concerning the Trinity,* 29, 19 (Corpus Christianorum, 4), p. 71. Traducción del autor.
15. Ibid.
16. Novatian, *Concerning the Trinity,* 29, 26 (Corpus Christianorum, 4), p. 72. Traducción del autor.

Capítulo 8: De Cartago

1. Véase T. D. Barnes, *Tertullian* (Oxford: Clarendon Press, 1971), pp. 10ss.
2. No creo que todavía esta cuestión haya sido manejada adecuadamente por nadie, pero aportaciones útiles a la discusión pueden encontrarse en H. J. Lawlor, «The Heresy of the Phrygians», *Eusebiana* (Oxford: Clarendon Press, 1912), pp. 108–35; R. G. Smith, «Tertullian and Montanism», *Theology* 46 (1943) 127–36, y Pierre de Labriolle, *La crise montaniste* (Paris: Ernest Leroux, 1913), *passim.* El trato que da Douglas Powell a la cuestión en «Tertullianists and Cataphrygians», *Vigiliae Christianae* 29, 1 (1975) 33–54 es particularmente útil.
3. Tertuliano, *Adversus Marcionem (Against Marcion),* ed. y trans. Ernest Evans (Oxford: Clarendon Press, 1972), 2: 561.
4. Tertuliano, *De Anima (Concerning the Soul),* 9, 4, ed. J. H. Waszink, Corpus Christianorum, Series Latina 2, part 2) (Turnholt: Brepols, 1954), 792s.
5. Tertuliano, *De Anima,* 9, 3 (Corpus Christianorum, 2, part 2), p. 792. Traducción del autor.
6. Tertuliano, *De Anima,* 9, 4 (Corpus Christianorum, 2, part 2), p. 793.
7. Tertuliano, *De Monogamie (Concerning Monogamy),* 1, 2, ed. E. Dekkers (Corpus Christianorum, Series Latina, 2, part 2) (Turnholt: Brepols, 1954), p. 1229. Traducción del autor.
8. Véase la discusión de esto en Johannes Quasten's *Patrology* (Utrecht-Antwerp: Spectrum, 1966), 1: 181.

9. Tertuliano, *Passio S. Perpetuae (Martyrdom of St. Perpetuae),* 1. ed. J. A. Robinson (Texts and Studies 1, 2 Cambridge, 1891), p. 62. Traducción del autor.
10. J. G. Ph. Borleffs. ed. (Corpus Christianorum, Series Latina, 1, part 2) (Turnholt: Brepols, 1954), p. 295. Traducción del autor.
11. Véase G. S. M. Walker, *The Churchmanship of St. Cyprian* (Ecumenical Studies in History, 9) (London: Lutterworth Press, 1968), p. 10 y H. von Campenhausen, *The Fathers of the Latin Church,* trans. H. Hoffman (London: Adam & Charles Black, 1964), p. 46.
12. A. von Harnack, «Cyprian als Enthusiast (Cyprian as an Enthusiast)», *Zeitschrift für neutestamentliche Wissenschaft* 3 (1902) pp. 177–91.
13. *Epistulae Cypriani (Letters of Cyprian),* 78, 2, ed. G. Hartel (Corpus Scriptorum Ecclesiasticorum Latinorum, 3, 2) (Vindobon: C. Geroldi, 1871), p. 837. Traducción del autor.
14. Harnack, «Cyprian als Enthusiast», p. 188.
15. Cipriano, *Epistulae,* 66, 10 (Corpus Scriptorum, 3, 2), p. 734. Traducción del autor.
16. Cipriano, *De mortalitate (Concerning Mortality),* 19, ed. G. Hartel (Corpus Scriptorum Ecclesiasticorum Latinorum, 3, 1) (Vindobon: C. Geroldi, 1868), p. 309. Traducción del autor.
17. Ibid.
18. Cipriano, *Epistulae,* 16, 4 (Corpus Scriptorum, 3, 2). p. 520. Traducción del autor.

Capítulo 9: Del Oriente griego

1. Jean Daniélou, *Origen,* trans. W. Mitchell (London and New York: Sheed y Ward, 1955), p. 27.
2. Orígenes, *Against Celsus,* 1, 2, trans. Henry Chadwick (Cambridge: At the University Press), p. 8.
3. Orígenes, *Against Celsus,* 1, 46, Chadwick, p. 42.
4. Orígenes, *Against Celsus*, 2, 8, Chadwick, p. 72.
5. Orígenes, *Against Celsus,* 7, 8, Chadwick, pp. 401s.
6. Daniélou, *Origen*, p. 21.
7. Dionisio en *Ecclesiastical History* de Eusebio, 6, 40:3, trans. J. E. L. Oulton (London: William Heinemann, 1964), 2: 97.
8. Dionisio en Eusebio, *Ecclesiastical History,* 7, 7:3; Oulton, 2: 143 y 145.
9. Firmilian, *Epistulae Cypriani,* 75, 10, ed. G. Hartel (Corpus Scriptorum Ecclesiasticorum Latinorum, 3, 2) (Vindobon: C. Geroldi, 1871), pp. 816ss. Traducción del autor.

Índice